JN438722

습도, 쉼도

숨표, 쉼표

전재복 산문집 ⑦

수필과비평사

| 펼치며 |

뭐라고 불러줘야 쭈뼛거리는 글에게 덜 미안할지 골똘히 생각했다.

분명히 시는 아니고, 수필이라 하기엔 함량이 많이 부족한 것 같고, 그래서 이번에도 어정쩡 산문이라 이름을 붙였다.

시간이 많이 지난 이야기,

6년 전 묶었던 첫 번째 산문집에 분량이 많아서 넣지 못했던, 특별할 것도 없지만 그냥 버리기엔 아쉬운 것부터, 시시콜콜한 이야기 몇 개 주섬주섬 모았다.

첫 산문집에서는 좌충우돌 시골 정착기, 거꾸로 짚어본 육아일기, 내 어머니 이야기가 주를 이뤘다면, 이번에는 숨 고르기를 위한 짧은 쉼, 교사로서 느꼈던 아픔과 희열, 그리고 느리게 흘러가는 시골살이의 단면을 모았다.

헤지고 빛바랜 일기,

지나간 시간의 얼룩이 크게 흉이 되지 않기를 바라면서, 물러날 때를 가려 찬란했던 흔적을 지워가는 나무들의 경건한 의식을 본다. 다른 이름의 계절을 맞아들이는 시간의 무심한 몸짓처럼 묵은 것을 덜어내려는 이 마음이나, 그것을 헤아려 읽어주는 누구거나 그 마음, 구름에 달 가듯이 맑고 가비얍기를...

2021년 12월

옥정리에서 전재복

| 차례 |

두 번째 - 1100자로 담아내는 풍경

세 번째 - 쉼표 혹은 숨표

네 번째 - 선생님, 그 이름

첫 번째

알콩달콩 시시콜콜

숨겨놓은 알터

지난번 방죽가 오리집에서 무더기로 발견된 알을 꺼내온 이후, 오순이(오리)와 거순(거위)이는 우리가 모르는 다른 장소로 알 터를 옮겨버렸다.

있을 만한 곳을 찾아보았지만, 그날 이후 알은 단 한 개도 찾을 수가 없었다.

그런데 오늘 아침, 드디어 숨겨진 둥지를 발견했다. 작은 정자 앞 녹차나무 사이에 아늑한 둥지를 만들어놓고 알을 수북하게 낳아놓았나. 녹차 나무와 나무 사이 오목한 곳에 알을 낳아 숨겨 둔 영특한 녀석들~

이번엔 알을 두 개 남겨놓고 수거해왔다. 텅 빈 둥지에 놀라서 또 다른 은밀한 곳으로 알 터를 옮겨가지 않게 하려고 나름 머리를 썼지만 내심 미안했다.

"미안해 오순아! 거순아! 하지만 모아놓기만 하면 결국 상해서 버려야 하지 않니?" (2012. 12. 13)

모자와 조각담요

작년 모자 뜨기에 이어 올해도 〈세이브 더 췰드런〉에 동참하기 위한 작은 마음 모으기~

작년엔 우리 딸과 함께 스물다섯 개의 아기 모자를 떠서 보냈는데, 우리가 뜬 모자는 캄보디아로 보내졌다 한다.

이번엔 아기용 소삭 남요를 쓰는데 가모세모 15cm의 소삭을 쓰개질해서 모두 48조각을 붙여 만들었다. 이번엔 수단이나 우간다로 보내질 거라 한다.

어떤 아기가 덮게 될지 모르지만, 팔순의 시모님도 동참하고 우리 딸과 내가 힘을 모았다.

작지만 우리 가족의 따뜻한 마음까지 얹어 보낸다. (2015. 1 25)

여왕벌 모셔오기

가게에 나가 있던 딸에게서 급한 전화가 왔다. 문화동 우리 집 마당에 수만 마리의 벌떼가 날아와 헬리콥터 소리를 내며 난리가 났다고 한다.

119를 불러야 하느냐고 하기에 기다리라 해놓고, 우리 마을에서 양봉을 하는 사람에게 도움을 청했다. 분봉할 장비와 사람을 싣고 도착해보니 벌들은 공중에서의 비행을 마치고, 연못가 은행나무 높은 가지에 엄청난 덩어리로 뭉쳐서 윙윙거리고 있었다.

난생 처음 보는 벌떼에 겁이 나기도 하고 신기하기도 했다. 그것도 우리 집 마당(지금은 비워둔 채 야생의 모습으로 변하고 있지만)에서 엄청난 덩어리를 이루고 웅웅거리고 있는 벌을 볼 수 있다니... 우여곡절 끝에 여왕벌과 꿀벌들을 모셔왔다.

“여왕벌을 봤냐구요? 아니요. 보진 못했지만, 수만 마리의 일벌들이 잠자코 따라왔으니 여왕벌을 잘 모셔왔겠지요?”

우선은 벌을 모셔 둘 장비도 갖춰지지 못한 상태라, 도와준 마을 아우님네로 위탁하기로 했다. 옥정리 우리 집에 몇 마리씩 날아와 꽃가루를 모아가던 꿀벌이 아니라, 벌통을 준비하게 되면 꿀벌과의 달콤한 동거가 시작될 것 같다. 옥정리는 머잖아 동물농장이 될 것 같은 예감~ (2015. 5. 22)

소소한 행복

왜 그렇게 바삐 사느냐고 묻는다. 뭐라고 대답해야 될까? 보여주기식 답? 숨겨놓은 답?

두 개의 답안을 만지작거리며 그냥 웃는다.

대부분 그럴싸한 보여주기식 답안을 내밀며 웃어넘기곤 하지만, 글쎄 나는 지금 보여주기식 답안처럼 잘 살아내고 있는 걸까?

평생 남의 편인 한 남자와 그 남자를 세상에 둘도 없는 방패요, 권력으로 아는 큰아기님을 모시고 살자면, 나도 숨 쉴 공간이 필요해서 그러는 건데, 그래서 뭔가를 배운다는 핑계라도 만들어서 외출을 하는 것인데...

요즘 하루 걸러 하루 불면으로 날을 꼬박 새운다.

발딱 일으켜 세워지지 않는 몸을 억지로 끌고 눈보라 속을 나서는데 뒤꼭지가 따갑다.

앉은자리에서 꼬박 두 시간 쓰고 또 쓰고... 그렇게 또 하나 작은 작품 하나 건졌다.

내가 선택한 문구는 소소한 삶의 행복! 나는 행복하다고 자꾸 최면을 건다. (2018. 2. 12)

바람탓

4월, 빛나는 꿈의 계절이 주섬주섬 옷자락을 추켜들고 종종걸음을 친다.

5월의 여왕이 문 앞에 이르렀으니 바삐 자리를 내주려는 것일 텐데, 파란 하늘 물빛 바람까지 서둘러 자리를 정돈하는 몸짓이다.

한 달간 내 품에서 먹고 자고 재롱떨던 우리 은성이가 오늘 아빠 엄마와 함께 집으로 돌아갔다. 저야 한 달씩이나 그리던 아빠 엄마 따라가니 잠시 어리둥절하고 말겠지만, 보내는 나는 가슴이 휑~하다. 시린 바람이 분다.

물가 작은 방에 들어가 걸레질을 하고 긴 의자에 한참이나 누워 있었다. 바람결 따라 연초록 어린 나뭇잎들이 자꾸 손을 까분다. 우리 강아지 손짓 닮았다. (2018. 4. 29)

참 좋은 당신

"참 좋은 당신이 누구야?"

"누구긴 당신이지~"

쳐다보지 않았지만, 그 남자는 흡족한 미소를 지었을 것이다.

작은 캔버스에 마른 꽃을 붙이고 짧은 글귀를 써넣었다. 엊그제 파스텔 그림 위에도 마땅히 쓸 말이 생각나지 않아

'참 좋은 그대를 만났습니다'라고 썼더니, 묻지는 않고 안 보는 것처럼 글씨 쓰는 내 주변을 맴돌던 남자다.

'참 좋은 당신'

딱히 누구를 생각한 것은 아니지만, "당신이지~"라는 말에 흡

족해하는 남자, 나와 한집에서 사십 년이 넘게 살고 있는, 희끗희끗한 머리가 성글어서 신경 쓰는 남자, 때로는 내 속을 박박 긁기도 하지만 나를 위해 마당의 잔디를 부지런히 깎아주는, 키다리 아저씨~ 내 남편이다. (2018. 6. 4)

보리수 익는 계절

장미의 향연이 펼쳐지고 나면, 오디는 까맣게 익어 누가 손대지 않아도 후두둑 후두둑~ 낙하를 시작해서 새까맣게 바닥을 덮는다.

보리수 열매가 꽃처럼 빨갛게 익어서 가지마다 힘이 든다고 아우성질 때, 옥정리에선 나루문학회 연례행사를 치른다.

어제(6월 14일)도 모처럼 반가운 손님들의 웃음소리로 옥정리 뜰이 시끌벅적했다. 보리수 열매를 따고 오디도 따 보고, 인증 사진도 찍고...

웃음의 여운을 물고 방죽가 〈멍 때리는 방〉으로 옮겨가서, 맛깔스럽고 건강한 저녁 식사를 했다. 즉석에서 원두를 갈아 커피도 내려 마시며 달달한 이야기꽃도 피웠다.

새로 쓴 따끈따끈한 작품 낭독도 빠지지 않는, 멋을 아는 여인들의 한나절 모임~ 나야 장소만 빌려주고 먹거리는 회원들이 챙겨오니 편안하고 넉넉한 행복은 덤으로 받는다.

저녁나절 모임이어서 어둠이 내릴 때(9시 가까이)까지 옥정리엔 환한 웃음꽃이 피었다는… (2018. 6. 15.)

누워서 바라보기

칠팔 월~ 참 해도 해도 너무한다. 6월 말에 걸쳐 7월 1일까지인가 비가 한 차례 내리긴 했었다. 그리고는 날마다 불볕에 열대야에 숨 돌릴 틈을 주지 않고 삶아댄다.

바나로 계곡으로, 너러는 해외로 더위를 피해 떠나고 돌아오고 북새통을 이루는데, 노인 모시고 나서는 일도 엄두가 안 나고, 오고 가는 일들이 상상만으로도 귀찮으니 집에만 있게 되었다. 그러자니 삼시 세끼에 묶여 잠깐 외출하는 일 외엔 밥순이 집순이로 살아낸다. 밤낮으로 에어컨을 혹사시키면서.

어머님은 방에, 남편은 거실에, 나는 주방 쪽에 각자 편한 자리를 잡고 뒹굴뒹굴 시간을 보낸다. 한낮의 우리 집 풍경이다.

나는 주방 창문 쪽에 길게 의자를 붙여놓고 신문도 보고, 책도 보고, 카톡도 하고, 하늘도 보고, 나무도 보고, 잠간씩 낮잠도 잔다.

그렇게 누워서 바라본 창밖의 나무들, 열풍이긴 하지만 바람에 술렁이는 잎새들을 올려다보며 마음이 스르르 풀어지곤 한다.

앉거나 서서 바라보는 것 하고는 느낌이 많이 다르다. 누워서 올려다보기~ 참 좋다. (2018. 8.15)

시월을 보낸다

한 개 남은 호주머니 속 사탕을 한참이나 손으로만 만지작거리다, 입안에 넣고 요리조리 굴리며 작아지는 사탕의 크기를 아쉬워하던 어린 시절이 있었다. 그땐 모든 게 궁핍했으니까.

물질적으로 모든 게 풍족한 지금 이젠 자꾸 빠져나가는 시간이 너무나 아쉽다.

그래서 10월을 '가을'이라고 불러주며 호들갑 떨지 않으려고 무진 애를 썼다. 가을이라고 부르는 순간 계절이 저만치 달아날 것 같았다.

10월의 반 토막을 나라 밖에서 나부끼다 돌아왔더니 너무 짧아져 버렸다. 푸르던 나뭇잎들은 색깔을 바꿔 바람이 불지 않아도 자꾸 땅으로 내려와 발밑을 덮는다. (2018.10.30.)

해쓱한 달님

새벽 6시 무렵 분명 누군가 부르는 소리에 잠이 깼다. 남편은 옆에서 숨소리 고르게 잠들어있고, 마당의 개와 고양이도 기척이 없다.

앞 베란다 쪽에 환히 밝혀진 불빛에 놀라 일어나보니 아! 달님이었네.

음력 열이레~ 보름을 넘긴 달님이 긴 밤을 걸어와 새벽길을 환하게 밝히고 있었다.

아직은 부시럭대며 일어날 시간이 아니어서, 자리에서 가만가만 스트레칭을 하며 시간을 보내다가 조금 늦게 나와보니, 달님은 멀찍이 마당 끝으로 물러나서 피곤한 얼굴로 아침을 바라본다.

간밤이 추웠을까? 밤길 걸어오느라 지쳤을까, 아니면 냉큼 나와서 아는 척하지 않아서 섭섭했을까? 해쓱한 얼굴이 가슴을 파고든다.

이제 조금씩 이울어 환하고 둥근 얼굴을 만나려면 한참 시간이 걸려야겠지? (2018. 12.24)

봄비

모처럼 비답게 주룩주룩 봄비가 내린다. 날마다 재난 수준의 미세먼지 예보를 들으며 괜시리 가슴이 답답했는데, 저 빗줄기에 먼지가 시원스레 씻겨 내렸으면 정말 좋겠다.

비를 맞으며 비로소 큰 숨을 들이쉬고 들썩이는 나무들의 몸짓, 먼지를 씻어낸 매화, 산수유 말간 꽃들의 얼굴이 제대로 보이겠다.

닷새 동안 극심한 두통으로 진통제에 의지하며 버텼는데, 다행히 엊그제 찍은 MRA, MRI 모두 이상소견 없다는 말씀을 오늘 듣고 왔다. 가슴을 쓸어내리며 더 강하게 처방해준 진통제 일 주일분 받아왔다.

일주일 후 다시 보자는데 일단 머릿속엔 큰 문제가 없다니 다행인데, 오늘 밤도 생살 헤집는 통증이 또 올까 봐 겁이 난다.

내리는 빗줄기에 나를 휘어잡고 고통스럽게 하는 두통도 함께 떠내려갔으면 얼마나 좋을까. 빗소리 들으며 긴 밤 깨어나지 않고 잠들고 싶다. (2019. 3. 20)

어머니, 우리 어머니

오늘 나는 또 한 번 내 안의 지옥문과 마주 서 있다. 마악 물이 올라 보기 좋게 잎이 어우러지려는 나무 한 그루가 어머님 손에 난자당했다.

어린 가지들을 죄다 자르고 나풀나풀 손바닥을 펼쳐 든 어린 잎사귀를 남김없이 다 훑어서 앙상한 줄기만 남겨놓았다.

평생 교단에서 아이들을 가르치는 일만 하다 스스로 명퇴를 하고 전원으로 들어온 우리 부부는 전문 농사꾼은 못 된다. 소질도 없고 농사일에 목을 매지도 않는다. 때 되면 남들 하는 것 보며 땅도 갈아엎고 흙을 고르고 씨앗도 뿌리고, 모종도 사다 심으며 그냥 농사짓는 흉내만 낸다. 봄이면 해마다 나무 시장에 가서 유실

수를 사다가 제법 구색을 갖춰놓았지만 심고 가꾼 것으로 경제성을 따지지도 않는다.

씨앗이 움트고 잎과 줄기가 자라고 꽃피고 열매 맺는 일련의 과정을 지켜보며 아이들이 커가는 모습을 보듯이 바라보고 즐긴다고 봐야 맞다.

이른 봄 퇴비로 땅심을 돋아주고는 나무든 채소든 물을 주는 것 말고는 자연 그대로 방치하다보니, 수확물은 늘 볼품이 없다.

봄부터 가을까지 번갈아 가며 피는 꽃들, 싱그런 푸르름에 시원한 그늘과 운치를 더해주는 나무들, 그리고 그들이 맺어주는 열매도 한 번에 따지 않는다. 매일 먹을 만큼만 따서 먹고, 지인들과 조금씩 나누는 재미를 누리는 정도이지 욕심을 부리지 않는다. 무엇보다 농약을 거의 사용하지 않으니 새들도 벌레도 함께 달려들어 맘껏 먹는다.

그러니 우리 집에 있는 열매는 벌레랑 새들이 먼저 먹고 걔들이 남겨준 것을 우리가 먹는다고 해야 맞을 것 같다. 이렇게 엉터리로 농사를 소꿉놀이처럼 흉내나 내는 우리 부부가 어머님 보시기엔 영 마땅치가 않으신 게다.

꽃나무가 어우러진 화단에 들깨와 대파를 심어놓고, 호박까지 심자는 걸 겨우 말렸었다. 앞마당 정원수 사이에 옥수수를 심겠다 하시는 걸 말려야 하기도 했다. 심을 곳이 없다면 몰라도 당신이 심고 싶은 것은 얼마든지 심을 울안 텃밭도 있고, 대문 밖에도 충분한 공간이 있건만 굳이 앞마당 화단이나 정원수 사이에 왜 채소를 심고 싶으신지 알 수 없는 일이다.

작년 봄엔 현관 앞의 천리향 나무가 망울망울 꽃 피울 준비를 하고 있다가 어머님 손에 모두 잘리고 밑둥지만 남겨지는 수난을 당했는데, 올봄에 또 한그루의 상록수 나무가 수난을 당했다. 금낭화와 삼색 매발톱꽃은 여러 포기가 있었는데 풀 뽑는다고 뿌리까지 다 파내서 올해 겨우 매발톱꽃 한 포기만 꽃을 피웠다.

이런 일은 우리가 집을 비운 사이 꼭 일을 만드셔서 우리가 집에 돌아왔을 때는 너무 늦어서 되돌릴 수 없게 만드시는 재주를 가지셨다.

울안 뒷밭에 심어놓고 꽃을 즐기려던 홍화꽃, 도라지, 꽃양귀비, 엉겅퀴도 씨를 말렸다.

꽃이 진 다음 씨앗이 익기도 전에 뽑아내거나 익지 않은 씨방을 따서 말린다고 널어놓으시니 씨앗을 하나도 건질 수가 없다.

과일이나 오이, 가지 같은 채소도 당신 손 닿는 곳에 있는 것은 덜 자랐어도 덜 익었어도 다 따 버리신다. 하다 못해서 작년부터 현관 앞 보리수나무엔 두꺼운 골판지에 '이 나무는 열매를 따지 마세요' 표찰을 붙여놓기도 했다. 빨간 보석처럼 매달린 열매들을 들며 나며 바라보는 재미가 얼마나 좋은데...

걱정인 것은 수년에 걸쳐 아주 조금씩 노인성 치매가 진행되고 있는 것 같다. 작년 검사로는 가벼운 인지장애라 해서 약을 드시기 때문에 크게 나빠지지는 않는 것 같은데, 남의 말을 전혀 들으려 하지 않으신다. 일상적인 대화에서도 소통이 쉽지 않다. 옆에서 누가 뭐라든 당신 생각만 끝없이 되풀이 말씀하시니 이겨낼 장사가 없다.

남 보기엔 더없이 음전하신 보살님인데 가끔 나를 지옥문 앞에 서게 하는 우리 어머님!

어느 생에선가 나는 이 집안에 빚을 많이 졌던 모양이다. 40년을 넘게 살아도 익숙해지지 않는 맏며느리의 삶, 열심히 빚을 갚아야 다음 생에 빚 갚느라 발 동동 구르며 속앓이를 하지 않을 텐데... 어머니, 도와주실 거죠? (2020. 4. 20)

쏟아지는 보석들

흑요석 같은 오디가 후두둑 후두둑 농익어 쏟아진다. 너무 많이 떨어져서 주체할 수가 없다. 홍보석 같은 보리수 열매도 아직 쏟아지는 정도까지는 아니지만, 농익은 것을 그대로 두면 떨어지고 말 것이다.

예전 같으면 이맘때, 친구들이나 지인들을 불러 따가라고 할 텐데... 나루모임도 보리수 익는 때를 맞춰 모임을 갖고 웃음꽃을 피울 텐데, 올해는 사회적 거리두기 때문에 아무것도 할 수가 없다.

두고 보자니 너무 아까워서 어제와 오늘, 오디와 보리수 열매를 조금 따서 일을 벌였다.

보리수 열매는 수작업으로 주물러서 씨앗을 발라내고, 오디는 믹서로 갈아서 체에 걸렀다.

오래 두고 먹기 위해 설탕은 조금만 넣고, 두 가지 과육과 과즙을 섞고, 분말 한천을 조금 넣어서 끓였다.

끓이지 않고 설탕에 재어놓고 먹어도 좋겠지만, 우리는 설탕이 많이 들어가지 않아서 살짝 끓여 보관하려고 한다.

유리병에 나눠 담고 밀봉하여 저온 창고에 보관해놓고 먹으면 내년 이맘때까지 먹어도 끄떡없다. 새콤달콤하고 색깔도 예뻐서 빵이나 쿠키에 발라 먹어도 좋고, 채소와 과일 샐러드에 소스처럼 뿌려 먹어도 맛있다. (2020. 6. 13)

빗줄기가 나를 데려갔네

어제부터 시작된 비는 조신한 여인의 몸짓처럼 소리 없이 사분거려 딱 맘에 든다. 내리는지 멈추었는지 가만가만 발소리도 조용하다.

창문을 열고 나뭇잎에 떨어지는 여린 몸짓을 바라보며, 나도 맨발로 달려나가서 한 그루 나무로 서 있고 싶었는데, 그냥 나무처럼 흠뻑 비에 젖고 싶었는데 내 맘이 통했을까?

"너 좋아하는 비가 온다."

오랜 친구 하나가 나를 데리러 오겠다고 전화를 해왔다. 친구 차를 타고 약 한 시간 걸리는 곳을 달려서 도착한 곳, 농담만 조금씩 다를 뿐 온통 초록으로 휘장을 두른 산속, 호수가 하늘 향해 열려 있는 그곳!

차와 쿠키를 들고 2층으로 올라갔다. 널찍한 2층 테라스에 마련된 커플용 의자는 너무 편안하고 포근해서 그대로 기댄 채 잠들고 싶어졌다.

안락한 의자에 파묻힌 채, 어느 방향으로 눈을 돌려도 한 폭의 수려한 그림이 완성되었다.

입은 닫고 가슴으로 만나는 자연을 그대로 받아들이기만 하면 되었다. 충만하게 차오르는 행복에 젖어 들기만 하면 되었다.

간간이 생각난 듯 가느다란 빗줄기는 멈추다 내리기를 반복하고, 엷은 물안개가 스멀스멀 산허리를 기어오르고 있었다.

오늘 나는 또 하나의 풍경에 마음 한 자락 묶어놓고 왔다. 두고 온 마음을 만나러 이슬비 내리는 어느 날 나는 또 예고 없이 길을 나서리라. (2020. 6.25.)

아버님, 그곳은 조용한가요?

도대체 왜 이러는지 모르겠어요. 듣도 보도 못한 바이러스가 숨통을 쥐고 흔든 지 벌써 반년이 지났네요. 뿐만 아니라 북쪽에 있는 언놈은 간뎅이가 부었는지 걸핏하면 핵을 장난감처럼 치켜들고 난리를 피우니, 나라 안팎이 안개 속 같습니다.

엎친 데 덮친다고 올여름은 날씨마저 몹시 사나워서 폭염 폭우 태풍, 폭염이 연달아 생떼를 쓰며 달려들어서 여간 힘들지 않았답니다.

오늘이 8월의 끝날(음력 7월 13일) 아버님 모시는 날이네요.

이번에도 일손이라고는 시원찮은 맏며느리와 착해빠진 손녀딸 윤경이뿐. 게다가 저는 왼쪽 손목이 부러지고 꼬리뼈까지 골절되어 이런 못난이 짓이 없네요. 아버님 손녀 윤경이가 이번엔 특히 애썼답니다.

가만 놔둬도 나이는 자꾸 먹지 스트레스 많이 받을 텐데, 다친 엄마 때문에 군말 없이 전 부치고, 나물 볶고, 무치는 것까지 혼자 애썼답니다. 제가 한 손으로 하는 일이 한계가 있어서요. 그래도 가짓수만 좀 줄였지 할 건 다했네요.^^

음식 만드는 솜씨도 없는데 제가 해드리는 건 무엇이나 맛있다 하시던 아버님, 오늘도 맛있게 드시고 가셨지요?

올가을엔 아버님 손녀 좋은 인연 좀 만나게 도와주세요. 자꾸 짜증 내고 언짢아하시는 어머님도 잘 좀 달래 주시고요. 추석에 또 뵙겠습니다. 살펴 가세요. 아버님~ (2020. 8. 31)

자꾸 멀어져가요

여름엔 그랬어요. 장대를 들고 뒷산에 올라가면 뭉게구름에 닿을 것 같았어요. 밤하늘엔 유난히 별이 많아서 커다란 잠자리채를 기다란 바지랑대에 매달아 휘저으면 별이 후두둑 떨어질 것 같았어요. 그런데 요 며칠 말간 하늘이 자꾸 뒷걸음질 쳐 멀어지고, 높아진 하늘 위로 흰구름 몇 송이가 자기들끼리 깔깔대며

"나잡아 봐라~" 놀리네요.

이젠 뒷산보다 훨씬 높은 월명산에서도 오성산에서도, 긴 바지랑대로도 어림없겠어요. 너무 멀어져서 까마득히 높아져 버렸거든요. 바람은 넓어진 공간을 걸림 없이 살랑거리고, 순해진 햇살도 넉넉하게 웃어요.

가을꽃들은 해맑게 눈웃음만 치고, 태풍에 열매를 다 놓친 감나

무, 사과나무, 배나무들은 가볍게 잎새를 흔들고 있네요. 곱게 물들여서 떨구어낼 궁리를 하겠지요?

가만히 손을 놓고 있지 못하는 우리 서방님은 오늘도 일을 벌이고 있네요. 낡은 정자 지붕을 걷어내고 새로 손보겠다고 ...

나는 손녀딸과 마당을 어정거리며 추임새나 넣지요.

"조심하세요~"

"저녁엔 막걸리 준비할 게요 ~" (2020. 10. 15)

거나하게 취했네

11월 11일~ 나를 가장 잘 아는, 내가 가장 잘 아는 친구와 둘이서 다시 선운사에 갔다.

아침 9시 반에 약속장소에서 만나 친구의 차로 출발했으니, 1박은 아니어도 종일 산에 머물 수 있겠다.

10시 반에 선운사 주차장에 차를 두고 슬슬 걷기 시작했다. 꽃무릇이 한창일 때 하루를 머물다 가고, 단풍이 떠나려 할 때 다시 왔는데 여전히 반갑다. 평일인데도 생각보다 가을 산을 좋아하는 사람이 많은 것 같다.

모두 마스크로 무장을 하고, 상사화 축제 때보다는 한결 차분한 분위기다. 끼리끼리 도란거리며 단풍 숲으로 빨려 들어가거나, 서너 명 혹은 둘이서 단풍을 배경으로 사진을 찍기에 바쁘다.

선운사 경내를 건성으로 훑어보고, 계곡 물가를 벗어나서는 도솔암까지 사람들이 붐비지 않는 오솔길을 선택했다. 바쁠 것 없이 천천히 아주아주 느릿느릿~ 산의 맨살을 즈려밟고, 고운 단풍나무의 자태에 홀려서 나풀나풀 걷다가 그냥 그대로 길을 잃고 싶었다.

선운사 입구에서 도솔암까지 왕복 약 8km를 홀린 듯 놀며 쉬며 내려왔을 때는 오후 네 시가 훨씬 넘어있었다. 준비한 간식거리야 있었지만, 점심을 건너뛰었어도 하나도 배고픈 줄을 몰랐다.

도솔산의 넉넉한 품에 안겨 하루를 즐기니 신선이 구름을 탄 듯하고, 점심 겸 저녁으로 맛있는 풍천장어를 배불리 먹었더니 술 한 모금 마시지 않았어도 온몸에 취기가 돈다.

가을의 뒷모습, 너 오늘 너무 찬란하였다! (2020. 11.11)

눈시울 붉히며...

어제보다 더 빗줄기가 강하다. 어제 스승의 날에 찾아뵈려던 6학년 때 은사님은 전화 연락이 안 돼서 오늘로 미루고 전주 행사에 다녀왔다.

오늘 아침 전화를 몇 번 드렸으나 역시 받지 않으셔서 걱정이 앞섰다. 혹시 어디가 안 좋으신가 마음 졸이다 자택 전화로 걸었더니, 한참 만에 사모님이 받으셨다. 다행히 별일 없다는 말씀에 마음이 놓였다.

선생님을 바꿔 주셔서 통화를 하는데, 선생님께서는 당신 말씀만 하셨다. 일단 사모님께 잠시 후에 찾아뵙겠다 말씀을 드리고 집을 나섰다. 어제 준비한 작은 선물과 꽃, 그리고 이번에 발간한 시집 속에 용돈 조금 챙겨넣고.

활짝 웃으며 맞아주시는 선생님 내외분을 뵙고 우선 안심이 되었으나, 노 스승께서는 작년에 뵈었을 때 하고는 많이 달라지셨다. 걸음도 손도 많이 흔들리고, 귀도 많이 어두우신지 대화가 겉돌았다.

자꾸만 붙잡으시는 걸 뿌리치고 나오는데 기어이 쌀 한 포대를 가져가라 하신다. 방앗간에서 찧어다 놓은 지 며칠 안 되었다며.

떨어지는 빗물도 상관없이 대문까지 나오셔서 조심운전 하라며 당부하고 또 당부하신다.

구십이 넘으신 노스승의 사랑을 차에 싣고 돌아오는 길, 자꾸 눈물이 앞을 가렸다. 작년과 올해가 저렇게 다른데, 어떻게 앞날을 장담할 수 있을지...

선생님 부디 강녕하세요. (2021. 5. 15)

스물, 스물하나 같은

음력 윤사월 초아흐레, 양력으로는 오월의 마지막 날~ 스물, 스물하나 같은 애련하고 풋풋하고 어여쁜 오월을 접는다.

사월이 노랑으로 분홍으로 선홍빛으로 꽃 대궐을 이뤘다면, 오월은 연두로 초록으로 꽃 빛을 뒤덮었다. 그리고 아련한 라일락 향이, 달큰한 아카시 향이, 송홧가루 노랗게 휘감기는 산야를 덮었다. 오월은 날마다 가슴에도 초록 물들어, 포롱 포로롱~ 맑은 새소리를 닮은 노래를 부르고 싶게 했다. 많이 감사하고 더 많이 사랑하고 마음 밭이 풍요로웠다.

아직도 고약한 바이러스로 사람들의 행동에 많은 제약이 남아

있지만, 사람들이 멈춰있는 만큼 자연은 본래의 모습을 빠르게 회복하여 맑고 싱그런 모습으로 우리 곁에 돌아와 주었다. 그나마 얼마나 다행스러운 일인가?

이제 뜨거운 입맞춤으로 다가오는 6월을 맞는다. 붉은 장미의 농염한 몸짓으로 초록은 더 깊어지리라. (2021. 5. 31)

천사하고 살아요.

"할머니, 할머니~"

대문 빗장을 야무지게 열고 먼저 나간 은성이가 뒤따라 가는 나를 급하게 부른다.

아침마다 유치원 갈 준비를 하고는 몇 번이고 두 팔로 목을 껴안고 "할머니, 사랑해요~" 를 연발하며 행복을 채워주는 아이, 그러고도 아쉬워 대문에서 인사하고 손 흔들어 달라고 주문하는, 사랑둥이 우리 은성이가 오늘은 다급한 목소리다.

"할머니, 여기 벌레가 누웠어요. 아픈가 봐요. 우리가 동물병원 데리고 가요."

에구 무슨 일인가 했더니, 이름은 알 수 없지만 대문 앞에 벌레(곤충?) 한 마리 돌아가셨다.

손으로 살짝 건드려보니 아주아주 조금 움직인다. 가만히 잎사귀 하나 따서 그 위에 올려주었다. 소생은 어려워 보이나 맨땅에 누운 것보다는 나을 것 같다.

깜깜한 밤하늘에 혼자 남은 아기 달(초승달)이 무서워할까 봐 걱정하는 아이, 눈사람을 만들어놓고 추울까 봐 안으로 데려가자고 울먹이는 아이, 꽃도 벌레도 풀도 너무너무 귀엽다는 아이, '사랑해요'를 노래처럼 입에 달고 사는 아이...

가끔은 마구마구 떼를 써서 대장 할아버지를 여지없이 굴복시키는, 한없이 사랑스럽고 앙증맞은 다섯 살 우리 은성이! 이렇게 맑은 천사랑 살고 있다.

천사가 흔드는 요술봉에 집안 식구 모두 마법에 걸려서, 화를 내다가도 금방 웃게 만드는, 상큼 발랄 유쾌한 꼬마요정 우리 은성이, 천사 맞지요? (2021. 7. 18.)

이제 설명할 수 있겠다.

"그래, 그래! 저 소리야~"

밤낮없이 시도 때도 없이 내 머릿속에서 북치고 왜장치는 소릿값을 나는 설명할 길이 없었다.

올여름 교통사고 후유증으로 목과 어깨의 통증과 심한 어지럼증을 겪으며, 이비인후과 치료도 겸해서 받고 있다. 어지럼증은 전정기관의 문제라고 밝혀졌으니 치료를 받으면 좋아질 거라 한다. 그러나 오랜 기간 나를 괴롭히고 있는 이명은 방법이 없다고 한다.

그 소리의 정도를 기계로 측정하는데 비슷한 소리를 찾기도 어렵다. 얼추 그 정도의 크기라고만 고개를 끄덕일 뿐.

그런데, 그악스럽게 울어대는(매미인지 쓰르라미인지)소리를 듣다가 바로 저 소리에 가장 가깝다고 느꼈다.

저 지긋지긋한 소리가 1분 1초도 나를 떠나지 않고 내 머릿속을 장악하고 있다. 그럼에도 불구하고 미치지 않고, 먹고 자고 생각하며 살아있는 내가 정말 용하다. (2021. 8.10.)

봉숭아 꽃물 들이기

가을이 성큼 문턱을 넘었다. 막무가내 떼쟁이 여름도 어쩔 수 없이 뒷걸음질을 친다.

나무랑 숲의 몸피 불려주랴, 열매들 튼실하게 살찌우랴, 과실들 달콤새콤 맛 들이랴, 또 또 또... 참 애썼다. 여름!

그래서 8월이 가기 전에 애썼다고, 뜨거웠지만 찬란했다고, 여름을 기억해 주려고 손톱에 봉숭아 꽃물을 들였다.

첨엔 싫다고 슬쩍 빼시던 시어머님의 열 손가락에도 꽃물 올려드리고,(나중엔 잘 들었다고 좋아하심) 남편 손도 붙잡아다 세 개 씩만...^^ 우리 은성이는 어린이집에서 1차 하고 왔는데 진하게 들여달라고 해서 또 묶어줬다. 열 손가락 손톱에 예쁘게 꽃물이 들었다.

첫눈 올 때까지 꽃물 든 손톱은 얼마큼 남아있을까? 맘속에 담아 둔 소원은 정말 이루어질까? (2021. 9. 11)

그래도 추석은 추석

한가위 보름달 어쩌라고 어제 밤중에 난리, 난리 그런 난리가 없었다. 시퍼런 불 칼을 들이대며 천둥이 우르릉대고, 빗줄기는 좍좍 쏟아졌다.

그래도 보름날 아침, 비도 천둥도 번개도 씻은 듯이 조용하니 신통하다.

준비한 명절 음식으로 상을 차리고, 빈자리가 크지만, 약식으로 차례를 지내고 둘러앉으니 웃음꽃이 피어난다.

아침 먹고 나서, 남자만 대표 사절로 참석한 두 집 조금씩이라도 골고루 음식 싸서 보내고, 이틀 더 쉬었다가 갈 아들 몫도 따로 냉동실에 넣어두었다.

팔 걷어붙이고 설거지를 도운 아들 덕분에 수월하게 아침이 지나갔다.

송편이랑 과일 한 접시 깎아 내놓고, 남편이 타준 커피 한 잔 들고 자리에 앉아보니 이내 또 점심 시간이네. ㅎ~

그래도 추석은 역시 추석이다. 풍요로운 계절의 한가운데, 명절을 핑계로 평소에 잘 안 먹던 음식도 챙기고, 조금씩 나눠주고 나니 마음이 흐뭇하다.

사랑은 받는 것보다 주는 것이 행복하다는 시인의 노래가 맞다고 고개를 끄덕인다. (2021. 9.21)

그릇을 정리하며

우르르~ 몰려나왔던 그릇들을 깨끗이 부시고 물기를 말리고, 끼리끼리 제자리에 정리해 놓으며 명절을 마무리 한다.

우리 집 제사와 생일은 모두 상반기에 몰려있으니 설날까지는 길게 휴식을 취해도 될 그릇들,올해도 수고했다.

우유를 듬뿍 넣어 저은 부드러운 커피를 들고 뒷밭 창가에 섰는데, 저만큼 잎새를 다 떨구고 가벼이 서 있던 애기사과 나무에 낯선 모습이 눈에 띈다.

"뭐지? 설마 꽃일 리가..."

핸드폰을 들고 나가보니 정말 환하게 사과꽃이 피었다. 군데군데 새로 달린 잎사귀도 파릇파릇 싱싱하다. 이런 철딱서니 없는... 이제 와 꽃을 피우면 어쩌자고!

철없이 환하게 웃고 있는 봄꽃을, 깊어가는 가을에 마주하며 왜 내 맘이 이리 짠할까? (2021. 9. 23)

전라매일 문학칼럼

'시인의 눈'

닫힌 교문을 바라보며

보이지도 않는 바이러스와의 기약 없는 전쟁을 겪는 중에도 계절은 어김없이 제자리를 찾아와서 주어진 소임을 다 한다. 언 땅을 녹여 새 생명을 불러내고 눈부시게 꽃을 피워내고 초록으로 가득가득 채워준다. 이렇게 찬란한 자연의 선물 앞에서 유독 사람들만 우울하고 더러는 부끄럽고 많이 힘들다.

TV를 봐도 신문을 펼쳐도 고만고만한 소식들 – 코로나가 어떻고 김정은이가 어떻고…. 그 와중에 국회의원 선거라는 강풍이 한차례 휩쓸고 갔으며, 어쩔 수 없이 승자와 패자로 나뉘어 아직은 상처를 안은채 서먹하게 서 있다. 그 틈새로 트로트의 달달한 바람이 불어줘서 심란한 우리에게 따뜻한 위로가 된 건 그나마 얼마나 큰 다행인지...

우리보다 훨씬 경제가 앞서고 힘이 있는 것처럼 거들먹거리던 나라들도 '코로나19'라는 괴물 앞에서 속수무책으로 민낯을 드러내며 무릎을 꿇는 것을 보았다.

작고 힘없는 나라, 강대국의 눈치나 보고 사는 것 같던 우리나라 우리 국민이 '코로나19'에 대응하는 모습이 전 세계의 귀감이 되고 주목을 받는 일이 생겼으니 고난과 고통이 때로는 도약의 기회가 되기도 하는 모양이다.

그간 24시간 두 눈을 부릅뜨고 바이러스와의 전쟁에 매진해온 의료진과 질병관리본부와 깨어있는 우리 국민의 선진의식에 박수를 보내며 앞으로도 수고를 이어가실 의료진과 공무원들에게 깊은 감사를 드린다.

어쨌든 일상으로의 복귀는 서서히 시작 해야 되지만, 아직도 바이러스의 음흉한 실체를 완전제압하지 못한 형편이라 걱정이 된다. 그중에서도 나는 문 닫힌 학교문제가 정말로 많이 걱정스럽다.

온라인수업이라는 선진 방법으로 일부 개학을 하긴 했다지만 학교는 지식만 전달하는 곳이 절대 아니다. 특히 초등교육에서는 서로 몸을 비비고 눈빛을 나누고 아옹다옹하는 가운데서 세상을 향해 일어서고 날아오르는 법을 배우는 현장이다.

학교에서 가르치고 배우는 일이 선생님을 통해서만 배우는 것이 다는 아니다. 어린아이들이란 또래 집단에서 서로서로 배우고 깨우치는 것 또한 얼마나 많은데 학교 문을 닫고 온라인이라는 수업에 우리 아이들을 내주다니 말이 안 된다. 그러나 궁여지책이라도 내놓을 수밖에 없는 현실인 것을 어쩌랴마는 간절히 바라노니 하루빨리 '코로나19 바이러스'를 이겨낼 백신을 만들고, 아이들이 마음 놓고 학교로 돌아와 떠들썩한 운동장, 우당탕탕 시끌벅적한 교실이 살아나기를 간절히 손 모은다.

온라인수업이라는 아직은 낯선 방법에, 교사도 학생도 학부모도 많이 힘들고 당혹스럽기는 마찬가지다. 더군다나 맞벌이 부모, 결손가정, 조손가정인 경우에야 더 말할 나위가 없지 않은가! 하루속히 사회의 모든 것이 제자리를 찾아가고, 우리의 아이들이 걱정 없이 학교로 돌아갈 수 있기를 간절히 바란다. (2020. 5.10)

아버지, 그 쓸쓸한 이름

-호미도 날이언 마는 / 낫같이 잘 들 리 없습니다.

아버님도 어버이시지마는/ 어머님같이 나를 사랑하실 분이 없습니다. -

가부장제도가 만연했을 시대에 감히 아버지의 권위를 낮춰서 표현한 이 글이 씌어졌다는 것이 조금 의아스럽지만, 어쨌거나 위 시조에서조차 아버지의 사랑이 어머니를 능가할 수 없다고 노래한다. 그러나 이 땅의 아버지들은 2~30년 전까지만 해도 거의 무소불위의 권위를 누리며 땅땅거리고 사셨다 해도 과언이 아닐 것이다. 그러던 우리의 아버지들이 물질이 넘쳐나고 자유가 넘쳐나는 현시대에 이르러 차츰차츰 발밑이 무너지는가 싶더니, 어느 틈엔가 슬그머니 설 자리가 좁아져서 쓸쓸하고 힘 빠진 뒷모습을 보이게 되었다.

가정 안에서도 자녀들의 응원을 업고 서서히 어머니의 말발에 힘이 실리고, 사회생활에서도 여성이 무조건 숙이고 들어가던 시대는 끝났다. 능력으로 맞받아치며 당당하게 일어서는 여성들 – 이제 '암탉이 울면 계란이 생긴다.' 고 말하는 시대다.

아직도 여성차별이 남아있는 계급사회가 있다고는 하지만 옛날에 비하면 여성의 지위와 발언권이 엄청난 힘을 갖게 된 것은 자명한 사실이다.

오월은 가정의 달이다. 어린이날, 어버이날, 스승의 날, 부부의 날 등 많은 감사와 사랑이 넘치는 무슨 무슨 날들이 이어지는데, 특히 어버이날을 즈음해서 여기저기서 효도를 몰아서 하느라고 감동적인 사연들이 꼬리를 물었다. 여기서도 돋보이는 건 단연 어머니였다. 모두 어머니 이야기에 목이 메는데 아버지 이야기는 가뭄에 콩나듯 한다.

가족을 위해 헌신한 것이 어머니뿐이겠는가? 평생을 야생의 밀림 같은 사회와 맞서서 가족을 위해 죽을힘을 다해 왔던 아버지들이 아니었는가? 그런데 어쩌다 이렇게 힘 빠진 모습으로 한쪽 구석에 서 있는지 짠한 마음이 든다.

웃는 이야기로 "나이 든 남편이란 집에 두고 나가자니 걱정덩어리, 데리고 나가자니 짐 덩어리, 마주 보고 앉으면 웬수 덩어리"란다.

월급은 아내의 통장으로 들어가고, 맘 놓고 돈 한 번 못 쓰며 용돈 타서 쓰던 남편이 퇴직하고 들어앉으면, 하루 세끼 밥 얻어먹는 것도 눈치를 봐야 한다니…

아들이 성인이 되어 한 여자의 남편, 귀여운 손자 손녀의 아빠가 되고 보니 이 땅에서 남편으로 아버지로 살아가는 일이 참 안쓰럽고 쓸쓸한 일이라는 생각이 든다.

쓸쓸한 아버지들이여! 또 언젠가 지금의 아버지처럼 쓸쓸한 모습이 될지도 모를 남편들이여!

바깥생활에만 공을 들이느라 가족과의 소통을 무심히 지나쳐버리지는 않았는지, 물질로 채워주기에만 급급해서 아픈 곳을 헤아리고 따뜻하게 감싸주는 방법을 잊고 살지는 않았는지 이제라도 찬찬히 돌아볼 일이다. (2020. 5.22)

이삭줍기

참 예쁜 가을이 깊어간다. 무더위와 긴 장마가 슬며시 자리를 내어준 뒤 하늘이 먼저 키를 껑충 높이더니 산뜻한 바람이 가을꽃들을 앞세우고 왔다.

어디에 감춰두었던 물감을 펼쳐놓았을까? 거침없이 붓을 놀리는 가을의 화폭엔 나날이 가슴 설레는 빛깔들로 채워져 갔다. 들판엔 황금 물결 넘실대고 감나무엔 주황색 꽃불을 켠 듯 주렁주렁 감을 매달았다. 뒷산에선 알밤이 툭툭 벌어지고 바람에 억새꽃이 수런거렸다. 코스모스, 백일홍, 구절초, 들국화, 이름 모를 풀꽃까지 줄줄이 어울려 피어 가을 산을 가을 들판을 물들였다.

한가위 둥근달이 이지러지면서 들판은 듬성듬성 빈자리를 만들더니 짱짱한 나무마저 서둘러 발밑으로 잎새들을 내려놓기 시작한다. 나무도 잔디도 들풀까지도 모두 가을빛으로 물들어가고 하늘과 땅 사이는 더욱 멀어졌다.

내 유년의 추억 속엔 이맘때 벼 베기가 끝난 논에 아이들이 이삭 줍기를 하던 풍경이 남아있다. 지금처럼 기계로 베고 그 자리에서 알곡은 알곡대로 훑어가고, 볏짚은 볏짚대로 거두거나 바닥에 깔아버리지 않고, 낫으로 나락을 베고 손으로 묶던 시절이니 빈 논에 떨구고 간 이삭이 제법 있었다. 동네 언니들을 따라가 놀이처럼 주워온 벼이삭을 가져오면 어머니는 이젠 가지 말라고 하셨다. 그러나 검정 고무신에 진흙을 잔뜩 묻히며 흘린 나락 모가지를 줍고, 움푹움푹 들어간 구멍을 짚어내서 우렁이를 캐던 즐거운 놀이는 그 후로도 계속되었다.

'잊혀진 계절'과 '10월의 어느 멋진 날'의 노래가 입안에서 맴돌고 까닭 없이 마음이 시린 이맘때가 되면, 벼 베기를 마친 들판에서 이삭 줍기를 하던 고운 추억이 새록새록 그리워진다. 봄 여름 가을에 걸쳐 수많은 손길과 사랑의 숨결로 낟알이 익어가고 그것을 거둔 자리에 살비듬처럼 남아있던 이삭~

비어있는 들판에서 느꼈던 아릿하고 쓸쓸한 감정이 무엇이었는지 알 수 없지만, 그때 어린 내게 그런 생각이 들었었다. 들판 건너 멀리서 기차가 지나가고, 정오를 알리던 싸이렌 소리가 아직도 귀에 쟁쟁하다.

가을엔 이삭을 주워야겠다. 봄부터 숱하게 뿌리고 온 생각의 씨앗들이 제 자리를 잘 찾아갔는지, 조심성 없이 흘려버린 말과 생각의 파편들이 함부로 나뒹굴고 있지나 않은지 허리 굽혀 이삭 줍기를 해야겠다. 일없이 조급했던 마음 가지런히 빗질도 하고, 마스크와 사회적 거리 두기로 답답하고 쓸쓸했던, 어쩌면 먼지라도 두툼하게 앉았을 사유의 골방에도 등불 하나 환하게 밝혀야겠다.

(2020. 10. 29)

어버이날에 쓰는 반성문

입안에서 5월이라는 낱말을 가만히 굴려만 보아도 맑은 새소리가, 졸졸거리는 청량한 물소리가, 밤새 별들이 놀다간 흔적을 지우느라 풀잎마다 땀 흘린 이슬방울이, 살랑살랑 기분 좋게 속살거리는 초록 바람이 마구 매달려 나오는 듯하다. 어느 달 어느 계절인들 아름답지 않을까 마는 신록을 안고 오는 오월이, 아름답기로는 열두 달 중 단연 으뜸이 아닌가 싶다. 그래서 그럴까? 오월엔 유난히 사랑을 확인하고 감사의 마음을 나누는 기념일이 줄지어 있다.

이토록 아름답고 사랑 가득하고 눈물 나게 아름다운 5월, 그 5월이 오면 나는 양심이 찔려 아프다. 특히나 효심이 지극한 아들 딸 얘기가 넘쳐나는 어버이날 즈음이 되면 부끄럽고 또 부끄러워서 어딘가로 숨어들고 싶다.

나는 가정에 충실하지 못하면서 가족들 앞에서 특히 착하기만 한 아내 앞에서는 제왕처럼 살다 가신 아버지를 향해 미움의 옹이를 가슴에 품고 살았던 싸가지 없는 딸이었다. 말년에 고작 3년여 친정어머니를 내 집에 모시고 병수발을 들면서도 애증의 외줄 타기로 자신을 괴롭힌 나쁜 딸이었다.

남편에게는 끝없는 헌신과 순종 그리고 늦게 둔 자식밖에 모르던 어머니에게만은 최상의 사랑으로 보답하리라 마음먹었지만, 현실은 그렇지 못했다. 남의 가문의 맏며느리로 직장과 가정을 병행하며 병중의 친정어머니를 모시고 사는 일이 쉽지 않았다. 이제와 무슨 말을 한들 궁색한 변명이지만 끝을 알 수 없는 그 시간이 그때는 너무 힘들었었다.

내 어머니 85세로 가신지 올해로 17년, 지금은 망백望百의 시어머님과 갈등과 화해를 반복하며 못된 며느리의 현재진행형을 살고 있다. 어디쯤에선가 생각이 엉켜버려서 때로는 나를 지옥문 앞에 서게 하시는 시모님을 모시면서 내게로 쌓이는 감정의 찌꺼기를 주체하지 못해 날마다 마음으로 죄를 짓고, 날마다 반성문을 쓰면서 뻔뻔하게 살고 있다.

머리와 가슴의 거리는 멀어도 참 먼 거리임을 확인한다. 남의 이야기라면 얼마든지 좋은 말로만 포장할 수도 있으리라. 속과 겉이 다른 언사를 늘어놓으며 때로는 불편한 심사를 무언으로 뭉개면서 다른 사람들 앞에서 나는 얼마나 가증스러운 연기를 펼쳐왔을까?

그렇게 날마다 죄를 짓고 반성문을 쓰며 이렇게 쭈뼛거리는 마음 한편으로도 파릇파릇 감정은 염치없이 살아서, 꽃은 숨 막히게 아름답고 가슴 저리게 신록은 찬란하여 눈이 부시다. (2021. 5. 9)

백신접종 유감

잦은 비 내림과 종잡을 수 없는 날씨 때문에 봄꽃과 여름꽃이 뒤섞여 피고, 그러는 사이 다시 6월이 오고 푸르름은 짙어져 천지가 싱그럽다.

마스크로 입과 표정을 틀어막고 서로를 경계하며 거리 두기를 하는 동안 바이러스와의 대치상태가 두 해째 접어든다. 오나가나 열심히 손 씻고 소독하고 열 체크하며, 밖으로만 떠돌던 가족들이 가정중심으로 모이는 일은 그나마 다행인 것 같다. 얻어먹는 주제에 이것저것 가릴 형편이 안 됨을 알면서도 무엇은 효과가 어떻고 부작용이 어떻고 심지어는 가격을 대조하며 불편한 마음을 드러내기도 했다. 어쨌든 많은 수의 국민이 백신접종을 희망하고 나도 그 대열에 끼어들었다.

예약된 병원에 가서 차례를 기다리는 동안 뜻하지 않은 사람을 만났다. 서로 마스크로 얼굴을 가렸으나 나는 그가 대학 동기이며 같은 직장에서 근무를 했던 K임을 알아보았고, 그 역시 당황한 눈빛 속에서 나를 알아보는 것 같았다. 순간 입 밖으로 튀어나오려는 반가운 인사를 꿀꺽 삼키고 흔들리는 시선을 거둬들였다. 떨리는 몸을 휠체어에 의지하고 부인인듯한 여자의 도움을 받으며 예방접종을 하러 온 그 친구가 얼마나 황망하게 자신의 모습을 숨기고 싶어 하는지 한눈에 읽어졌다.

아이러니하게도 타인의 불행은 때로 나의 현실을 안도하게 하는 것인 듯했다. 내게도 여기저기 아픈 곳이 왜 없을까만 그나마 아직은 내 의지대로 움직일 수 있음이 얼마나 다행인지 그 친구를 보며 어느새 나는 가슴을 쓸어내리고 있었다.

백신 접종 후 내겐 아무 증상이 일어나지 않았다. 적어도 밤 열 시까지는. 준비했던 해열진통제도 먹지 않았다. 그런데 이후 잠자리가 편하지 않았다.

낯선 적군이 들어왔으니 내 몸 안의 방어군과 맞서 싸우는 것이리라. 미지근한 물을 한 컵 더 마시고 잠을 청했지만, 뒤척이느라 깊은 잠을 놓쳤다. 아침에는 몸살기와 약간의 메스꺼움, 편두통이 느껴졌다. 따뜻한 물에 준비해둔 진통제를 먹고 다른 날과 똑같은 아침을 보냈다. 손녀 등원시키고, 평소에 먹는 약도 챙겨 먹고 나서야 자리를 펴고 누웠다. 일단은 오후 스케줄을 취소하는 전화부터 했다. 아프면 쉬어야 하는 것, 더군다나 내 몸 안에서 지금 소규모의 전투가 일어나고 있지 않은가? 충분한 물과 휴식으로 고군분투하는 아군을 적극 지원해 줘야겠다. (2021. 6.13)

이청득심以聽得心

어떤 모임 자리에 다녀와서 까닭 없이 우울할 때가 더러 있다. 가만히 되짚어보면 뭔가 말을 많이 했던 날이 그런 날이다. 가만히 한쪽에 앉아서 있는 듯 없는 듯 앉아 있다가 온 날은 그런 날대로 씁쓸하고, 말을 많이 한 날은 에너지의 소진에서 오는 피로감은 물론이고 쓸데없이 벌거벗겨진 남루한 나를 자책하면서 우울해진다.

더군다나 어쩔 수 없이 다수의 사람에게 밑바닥이 훤히 보이는 짧은 알음알이를 전해야 하는 역할이 내게 와서 그들의 귀한 시간을 쓸 때는 무거운 책임감과 충족하게 갖추지 못한 미안함으로 더더욱 마음이 무겁다.

삶의 지혜는 듣는 데서 비롯되고 삶의 후회는 대개 말하는 데서 비롯된다고 한다. 말을 많이 하게 되면 그중에는 쓸데없는 말이 많기 마련이다.

사람의 마음을 얻기 위해서는 능란한 말재간보다 상대의 말에 귀를 열어주는 것이 훨씬 좋은 방법이며, 말을 신중히 하라는 경계의 말일 테지만, 청중을 사로잡을 만한 말주변은커녕 이 나이 먹도록 여전히 낯가림을 하는 편인 나로서는, 어떤 자리에서 대화의 중심에 서는 사람들을 보면 참 부럽다. 해박한 지식과 유머까지 곁들여 좌중을 들었다 놓았다 하는 사람에겐 괜히 기가 죽기도 한다.

그러나 능란한 언변이나 화려한 몸짓과 웅변보다는 다소 어눌하더라도 신중한 몸가짐과 꼭 필요할 때 넌지시 몇 마디 얹어주는 조언이나 첨언이 훨씬 매력 있고 신뢰가 가는 것은 나만의 생각일까?

어떤 사람이 몹시 화가 나는 일이 있거나 견디기 힘든 고통이 있어서 말문을 열었을 때, 자기 기준에 무게추를 놓고 어쭙잖은 훈수를 두거나 도덕군자 인양 가르치려 든다면, 마음을 얻기는 고사하고 반감을 사거나 상처를 줄 수도 있을 것이다. 차라리 말없이 들어주고 고개를 끄덕여 주는 것이 훨씬 나은 방법이 아닐까.

처해있는 상황이 다르고 사람마다 차이는 있겠지만 뭔가 못마땅해서 누군가에게 불편한 속내를 드러낼 때는 옳고 그름을 판단해주기를 바라는 것이 아니다. 내가 이렇게 힘이 들고 속이 상하니 내 편을 좀 들어달라는 신호인 것이다. 그것이 가족이든 친구든 또 다른 누구이든.

얼굴을 마주 보며 귀 기울여주는 일, 말없이 손을 잡아주는 일, 어깨나 등을 토닥여 주는 일... 백 마디의 말보다 더 큰 위로와 힘이 될 수 있는 참 단순한 몸짓이다.

이청득심 ~ 상대방의 말에 진심으로 귀 기울여 들어 주는 데서부터 마음의 길은 열리는 것이다. (2021. 7. 8)

카르페 디엠

카르페 디엠은 영화 '죽은 시인의 사회'에서 존 키팅 선생이 남긴 말로, 많은 이들이 사랑하고 자주 인용하는 말이다. '오늘을 잡아라. 오늘을 즐기며 살라'는 이 말은 고대 로마의 시인 호라티우스가 처음 한 말이라고 한다.

일회성으로 끝나는 오늘이라는 소중한 시간을 가능하면 즐겁게 살아가자는 말이니 누구라도 공감하며 그렇게 살기를 바랄 것이다. 그러나 실제 우리가 살아내야 하는 현실은 늘 좋은 형편이 아닌 경우가 더 많다.

지구촌 전체를 장악한 바이러스로 참 별난 시절을 건너야 하는 지금, 우리가 지금까지 당연한 것으로 여기며 누리고 살아왔던 보편적인 삶의 방식들마저 크게 흔들리고, 곳곳엔 자연재해가 복병처럼 도사리고 있다가 무서운 아가리를 벌리기도 하며, 시시각각 전혀 예상치 못한 크고 작은 사고들이 우리의 뒤통수를 노리고 있어서 긴장의 끈을 놓을 수가 없다.

그렇다 하더라도 오늘이라는 천금보다 귀한 순간을 슬퍼하고 불평하며 보내기는 너무 억울하지 않은가? 단 한 번밖에 누릴 수 없는 오늘, 눈 깜짝하면 사라지고 말 찰나 같은 순간인데.

폭염과 열대야로 숨통을 틀어쥐던 여름도 결국은 가을이라는 희망을 앞에 두고 있고, 한 계절은 다른 계절의 추억으로 쌓이며 가을은 겨울이, 겨울에겐 다시 봄이 희망으로 쉼 없이 돌아오고 있다.

우리는 너무 많은 것을 누리고 살면서도 내가 가지고 누리는 것들이 얼마나 고마운 것인가를 무심하게 지나치며 살아가는 것 같다.

근래에 작은 사고를 두어 차례 경험하면서 무탈하게 하루를 지낼 수 있음이 얼마나 큰 은혜인지 얼마나 감사한 일인지 절실하게 느꼈다. 한 손을 쓰지 못해서 겪는 어려움이 얼마나 크던지, 기울어진 지구의 각도를 따라 돌아가려는 듯 한쪽으로 자꾸 쏠리는 어지럼증과 밤낮없이 머릿속을 점령하고 왜장치는 소음에 시달리다 보니 무탈하게 눈뜨고 건강하게 하루를 살아가는 일이 그렇게 소망스럽고 감사할 수가 없다.

아직 우리가 견뎌야 할 무겁고 힘든 시간이 진을 치고는 있지만. 알게 모르게 몇 뼘쯤 높아진 하늘빛과 열기가 슬쩍 빠진 바람결을 느끼며 오늘 나는 '미당 서정주'님의 눈이 부시게 푸르른 날을 노래하고 싶다.

-눈이 부시게 푸르른 날은/ 그리운 사람을 그리워하자// 저기 저기 저, 가을 꽃자리/ 초록이 지쳐 단풍드는데// 눈이 오면 어이 하리야 / 봄이 또 오면 어이 하리야 // 내가 죽고서 네가 산다면/ 네가 죽고서 내가 산다면// 눈이 부시게 푸르른 날은 / 그리운 사람을 그리워하자.-

(2021. 8. 8)

여백과 여유

갖추어 아름답게 꾸밀 줄도 모르고, 반반한 인물은 더더욱 거리가 머니 사진 속 모델이 되기를 그다지 즐겨하지 않는다. 한때는 그러거나 말거나 장난처럼 카메라 앞에서 이런저런 포즈를 잡으며 사진을 찍기도 했으나, 이제 이뤄놓은 것도 없이 지방층만 덕지덕지 붙어버린 몸매, 물기 빠져 처진 얼굴을 사진 속에 드러내놓기 속상하고 겁이 난다.

그러다 보니 사람들 속에 묻혀 찍는 단체 사진 말고는 쓸만한 사진이 없고, 그것도 요즈음엔 스마트폰으로 찍었다가 저장공간 때문에 바로바로 지워버려서 보관된 사진이 거의 없다. 그런데 갑자기 지난 시절의 사진 몇 장이 필요한 일이 생겼다. 부랴부랴 앨범을 찾다가 꼼꼼하지 못하고 정리정돈 못 하는 허술한 나의 실체와 만나게 되었다.

내가 쓰는 물건들은 한 번 자리를 잡으면 여간해서는 그 자리를 바꾸지 않는다.

노인이 거처하는 곳을 보면, 손 닿는 곳에 이것저것 필요한 것을 놓아두고 필요할 때 쓰느라 조금 어수선해 보이는 것처럼, 내 책상 주변도 책이며 문구류며 내게 필요한 물건들이 대충 산만하게 놓여있다. 필요한 것이 어디에 있는지 알기 쉬워서 찾아 쓰곤 했는데, 작년 겨울 남편이 내방 컴퓨터 책상을 바꿔주면서 옆에 있는 책장까지 정리를 해주더니 일이 벌어졌다.

필요한 것을 찾으려는데 어디에 두었는지 알 수 없어 헤매게 하더니, 이번에는 앨범이 송두리째 숨어버렸다. 혹시 쓰레기로 분류된 봉지 속에 같이 버려졌는지 아무리 찾아도 없다. 특별한 가치의 기록물은 아니지만, 사진에 담아둔 개인사가 사라졌다. 그런데 웬일인지 별로 섭섭한 마음이 들지 않고 오히려 뭔가 정리된 것 같은 생각이 드는 건 무슨 까닭일까? 이제 채우기보다는 비워야 하는 나이대를 살아가는 중이어서인지 모르겠다.

젊은 시절에는 아기자기 꾸미고 모으고 진열하며 즐거워하던 때도 있었다. 그러나 나이가 들면서 꼭 필요한 최소한의 물건만 놓고 간소하게 살고 싶다.

삶의 공간을 성글게 비워두고 적당히 어질러 놓아도 신경 쓰지 않고, 많은 사람과 북적이기보다는 말이 통하는 몇몇 사람과 깊이 교분을 이어가고 싶다. 꽉 찬 풍요보다는 조금 모자람이 좋고, 야무지고 빈틈없는 사람보다는 조금 헐렁하지만 푸근한 사람이 좋다.

공간의 빈 곳이 여백이라면 마음의 빈 곳은 여유라고 할 수 있겠다. 여백 있는 삶의 공간에서 여유로운 마음살이를 꾸리는 노년을 꿈꾼다. 그럼에도 불구하고 아직도 나는 무엇에 끄달리며 진땀을 쏟고 있는지... (2021. 9. 12)

*오유지족吾唯知足

가을의 중심으로 깊이 들어온 참 좋은 계절이다. 옛사람들이 시월을 상달이라 하여 몸과 마음을 경건히 하고 하늘과 땅에 감사를 드린 이유를 알 것 같다. 드높은 하늘 청량한 바람, 저절로 뼛속까지 맑아지는 이 오묘한 기운을 시월은 가져다준다. 그러기에 여기저기에서 비록 코로나로 묶여있지만 축소하고 조심하며 나름 알차게 문화행사가 열리고 있다.

이렇게 잠시나마 답답한 마음을 떨쳐내고 맑은 계절 속에 잠겨보면서 오늘 읽은 사자성어를 곱씹어 본다.

'오유지족吾唯知足'~ 오유지족이란 남과 비교하지 않고 오직 자신에 대해 만족하라는 가르침이 담긴 말이다. '나 스스로 오직 만족함을 안다.'라는 뜻의 이 글자는 네 글자 모두에 입구(口) 자가 들어간다. 생각을 드러내어 말하는 것도 입이요, 먹고 사는 일도 입이니 네 글자 모두 입을 두고 경계한 사자성어인 것 같다. 비슷한 말로 '안분지족'도 이와 뜻이 같은 말이다.

지금 현재 가진 것에 만족하고, 분수를 알아 쓸데없는 욕심을 버리자는 말일 테지만 어디 그것이 쉽기만 한 일이겠는가?

모름지기 자신의 능력과 분수를 알고 적은 것으로 만족할 줄 알아야 행복해진다는 뜻인데, 권력이든 재물이든 가진 사람이 더 많이 가지려고 눈에 불을 켜고 덤비는 세상이다. 평범한 소시민에게야 그저 눈꼴 사나운 일에 귀 막고 눈 가리고, 입이 있어도 말을 보태지 못하니 답답할 뿐이다.

누구는 밥을 위해 천신만고 벼랑에 서기도 하고, 누구는 불과 몇 개월의 퇴직금으로 가늠하기도 어려운 돈을 손에 쥐기도 한다니 상대적 박탈감에 참을 수 없는 분노와 피눈물이 나기도 하겠다. 그러나 옆에서 툭툭치고 치솟는 사람들에게 기가 질려, 공연히 좌절하고 분노하고 애꿎은 분풀이를 해서도 안 될 일이다. 세상일이 마음대로 되는 것도 아니고, 억지를 부린다 해서 될 일도 아니니, 나 스스로 자신을 다독이며 분수에 맞춰 사는 것도 세상을 건너는 지혜이지 싶다. 이 또한 극한 상황에 내몰려보지 못한 배부른 자의 입에 바른말이라고 질책한다면 할 말이 없다. 형편이 어려운 유년을 건넜으나 어찌 되었건 많은 사람의 은혜를 입고 교단에 섰던 사람이니 당장 밥을 위해 고층 아파트 외줄에 매달리는 극한 상황까지는 가지 않았으므로... 끝으로 많은 사람에게 맑고 밝은 가르침을 주고 가신 법정 스님의 글을 올리며 글을 맺는다.

내 자신이 몹시 초라하고/ 부끄럽게 느껴질 때가 있다 / 내가 가진 것보다 / 더 많은 것을 갖고 있는 사람 앞에 섰을 때는 결코 아니다.// 나보다 훨씬 적게 가졌어도/ 그 단순과 간소함 속에서/ 삶의 기쁨과 순수성을 잃지 않는 사람 앞에 섰을 때이다./그때 내 자신이 몹시 초라하고 / 가난하게 되돌아 보인다. (법정스님의 “내 자신이 부끄러워질 때” 중에서) (2021. 10.14)

가을걷이를 하며

봄에 피는 꽃이나 가을에 맺는 열매처럼,
제자리를 가림은 얼마나 아름다운가

폭염 속에 초목이 자라고
찬바람 속에서 봄을 준비하듯 넘치지 않기는
또, 얼마나 어려운가.

오늘 울안 뒷밭의 가을걷이를 했다. 무슨 까닭인지 여름의 뒷자락이 주춤주춤 더딘 걸음을 놓아서 계절을 가늠할 수가 없게 하더니, 앞마당 나무들은 여전히 푸른 잎이 무성하고 심지어 사과나무는 꽃도 피워내고 있다. 뒷밭의 고구마 줄기는 얼마나 더 할 일이 남았는지 마른 이파리 하나 없이 무성했다. 서리가 내린다는 상강이 진즉 지났음에도 아직 된서리를 맞지 않아서인지 가을빛이 많이 부족하다.

그래도 11월인데 추수는 해야겠기에 가을걷이를 서둘렀다. 조금씩 소꿉놀이처럼 흉내 내는 농사야 수확물이 대단한 것은 아니지만, 우리 식구가 먹을 만큼은 거두었다. 가지랑 고춧대도 뽑고, 제법 실하게 여문 고구마와 땅콩, 생강 등 남편이 땀 흘리며 거두는 동안, 감기들어 아프다는 핑계로 나는 옆에서 추임새나 넣고 인증사진 찍는 것으로 마무리를 했다.

참깨며 콩이며 이미 손질해 두었고, 아직도 가지에 주렁주렁 매달린 감이야 우리가 먹을 만큼만 따먹고 놔두면, 겨울 동안 새들의 실한 양식이 될 테니 소박한 시골살이에 이만한 재미가 없다. 자연에 기대어 과한 욕심부리지 않고 살아가는 단순한 시골살이가 번잡하지 않고도 참 오지다. 누가 가르쳐주지 않아도 어김없이 때를 알아 씨뿌리고, 꽃 피고 열매 맺는 자연을 보며, 자연에 발맞춰 살아가는 사람들, 저들의 유유자적하는 모습에 슬며시 묻어가는 중이다.

봄이면 싹을 틔워 꽃피우고, 가을에는 열매를 맺어 제 할 일을 충실히 해내는 일처럼, 서로 헐뜯고 자기만 옳다 다투지 않고, 있어야 할 때와 자리를 가릴 줄 아는 일은 얼마나 아름다운가, 폭염을 견디며 초록으로 몸피를 불리고, 살을 에는 찬바람 속에서 묵묵히 봄을 준비하듯, 살아가는 일에서도 과하지 않고 정도를 지키며 처신하기란 또 얼마나 어렵고 귀한 일인가!

오래 준비하고 기다리며 안으로 영글어 있는 사람, 자연을 경외하고 사람을 사랑하는 사람, 자기 몫이 아닌 것에 헛된 욕심을 부리지 않는 사람, 우리가 눈 빠지게 기다리고 있는 지도자도 바로 그런 사람이 아닐까? 날마다 시끄러운 텔레비전 화면을 보며 문득 가망 없는 바람을 날려 본다. 아직은 겨울의 초입, 봄이 더 빛나려면 겨울은 겨울답게 매서워야겠지. 콜록~ (2012. 11. 7)

세 번째

쉼표 혹은 숨표

하룻밤이틀 낮

올해는 유난히도 바빴던 것 같다. 예년엔 여러 가지 잡다한 행사며 잡무들도 11월이 되면 대충 마무리가 되어서 한숨을 돌리며 여유를 찾기도 했었다. 그런데 금년은 산너머 산이었다. 작은 파도를 뛰어넘으면 또 다른 파도가 뒤를 이어 밀려들었다. 방학식을 하는 날까지 우리는 모두 정신없이 뛰어야만 했다.

그래서 마련한 것이 한 해의 뒤풀이 겸 직원 친목 극기훈련-일정은 방학식을 마치고 점심나절에 출발하여 1박을 하고, 다음 날 저녁에 돌아오는 짧은 여행이었다.

며칠 전에 내린 눈으로 산행은 어렵지 않겠나 싶어 간편한 평상복으로 준비들을 하고 나섰다. 서둘러 각 실 문단속을 하고 버스에 탑승하여 시내를 벗어나면서 비로소 오랜 시간 동안 묶여있던 굴레에서 벗어난 것 같은 홀가분함에 긴 한숨이 터져 나왔다.

누구랄 것 없이 우리는 일상에서 잠시 벗어난다는 기대감으로 조금씩 흥분되어 보였다. 잠시 주변에 앉은 동료들과 가벼운 잡담으로 웃음을 나누다가 하나둘씩 눈을 감고 졸기 시작했다. 그동안 우리 모두 지쳐있었다. 나도 눈을 감아보았지만 잠은 오지 않았다.

지리산 국립공원에 들어서면서부터 버스는 마치 곡예를 하듯이 구불구불한 산길을 기어오르고 있었다. 응달진 곳은 바닥에 얼음이 채 녹지 않아서 차바퀴가 언뜻언뜻 미끄러지는 느낌이 그대로 전해져왔다.

천 길 낭떠러지를 차창으로 내려다보자니 발바닥이 간질거렸다. 하지만 산허리를 싸안고 돌다 보니 빙벽폭포를 여러 개 볼 수 있었다. 규모는 그리 크지 않아도 그런대로 운치도 있고 아름다웠다. 겨울 여행이 아니고는 만날 수 없는 풍경이다.

노고단 등반을 위해 성삼재에 올라 주차를 하고 미니(?) 등반에 나섰다. 등산할 준비가 제대로 되지도 않았지만, 성삼재에서 노고단까지는 산책 코스 정도라 하여 모두들 가벼운 마음으로 나섰는데 50m쯤 오르니 바닥이 빙판이다. 그래도 눈이 다져진 곳을 찾아 조심조심 올라가는데 갈수록 발 떼기가 힘들어졌다. 올라가는 길은 그럭저럭 올라간다 해도 내려올 일이 걱정되었다. 결국 절반 정도는 200m쯤에서 산행을 포기하고 되돌아 내려왔다. 등산화로 무장한 몇몇 사람들만 정상을 향해 올라갔다.

산을 좋아하는 나는 남편과 함께 가끔 산악동호인들을 따라 산행을 하는데, 한 번도 도중에 등산을 포기하고 내려온 적이 없었지만, 이번엔 등산화도 신지 않았기에 도중하차 하는 수밖에 없었다. 그나마 철쭉이 온 산을 덮는 봄철에 다녀갔던 곳이었기에 아쉬움이 덜 했다.

오후 5시가 조금 지나서 우리는 구불구불 힘겹게 올라갔던 길을 이번엔 미끄러워서 차가 구를까봐 가슴을 조이며 산을 내려왔다.

봄의 지리산이 화려하다면 겨울의 지리산은 다소 몽환적인 아름다움을 품고 있었다. 겹겹이 포개어지는 골짜기와 위풍당당한 능선들- 비스듬히 누운 산자락은 잎 떨기를 마친 잡목들이 부드러운 황토색으로 산을 덮고 있어, 멀리서 보면 마치 보송보송한 갈색 털이 만져질 것 같은 느낌이 든다. 군데군데 푸른 소나무가 점박이 무늬를 만들고 있었다.

아름다운 노을을 비스듬히 받은 산등성이는 얼마나 아름답고 포근해 보이는지… 가슴 안쪽에서 기쁨이 구름처럼 피어올라 숨이 막힐 것 같았다.

석양 무렵에 이토록 아름다운 풍경을 만날 수 있었던 것만으로도 나의 힘들고 짜증스러웠던 몇 날은 충분히 보상을 받았다.

온천이 있는 숙소에서 맛있는 산채비빔밥으로 저녁 식사를 하고, 우리는 함께 어울려 여흥을 즐겼다. 각자 방으로 돌아가서도 자정이 훨씬 지나도록, 방마다 간간이 터지는 웃음소리와 도란도란 피어나는 이야기꽃으로 겨울밤은 쉽게 잠들 줄을 몰랐다.

둘째 날 아침, 여섯 시에 일어나 온천욕을 했다. 심신의 피로가 확 풀리는 것 같았다. 산에서 맞이하는 아침 공기가 너무 달다. 날씨마저 늦가을 청명한 날처럼 바람도 잔잔하다.

서둘러 아침 식사를 마치고 낙안읍성 민속마을로 출발했다. 옛 모습을 그대로 간직한 채 정답게 이마를 맞대고 둘러앉은 초가지붕들이 참으로 따뜻해 보였다.

성벽을 따라 마을을 내려다보고 걷다가, 성안으로 내려가 골목

길로 들어서서 옛사람들이 살던 모습을 가까이 다가가 살펴보았다. 실제로 체험해 볼 수 있도록 꾸며 놓은 곳도 많이 있어서 아이들과 함께 다녀오면 좋겠다는 생각이 들었다. 골목골목 민가를 돌아 나와 큰길로 나서니 관아와 객사가 보인다. 관아로 들어가 보니 높은 동헌 마루에 사또가 근엄한 얼굴로 무언가를 호령하고 있고, 널찍한 동헌 뜰에는 죄인이 볼기를 들어낸 채 곤장을 맞고 있었다. 인형으로 재현해놓은 것이지만 문득 힘없는 백성이 죄 없이 매를 맞지나 않을까 하는 걱정이 되었다.

낙안읍성을 둘러보고 전남 순천에 자리한 선암사로 향했다. 언젠가 여름철 선암사에 이르는 계곡이 너무 아름답다고 소개한 글을 읽은 적이 있어서, 한번 가보고 싶었는데 이번에 그 바람을 이루게 되었다.

선암사 입구에서 점심을 먹고 삼삼오오 짝을 지어 계곡을 따라 올라갔다. 과연 오염되지 않은 골짜기를 따라 돌돌거리며 흘러내리는 물줄기가 우리들의 눈과 귀를 맑게 씻어주며 맞아주었다. 여름철 녹음 우거진 골짜기를 머릿속으로 그려보며 기회가 닿으면 한 번 더 찾아와도 괜찮겠다 싶었다.

약 반 시간 정도 걸으니 가운데 알 모양의 작은 동산을 품고 있는 연못에 이르는데, 왼쪽으로는 송광사로 올라가는 갈림길이 표시되어있고, 오른편 송림 사이로 선암사 지붕이 보였다. 규모가 그리 크지는 않지만 정갈하게 가꾸어진 고찰이 맑은 향내를 뿜어내고 있었다. 대웅전 법당에 올라가 삼배를 올리고 내려왔다.

나는 속세를 떨치고 아주 이곳에 와 살 자신은 없고, 일 년에 한두 달 정도만 이렇게 맑은 곳에 와서 머물고 싶은 간절한 마음이, 산을 내려오는 내내 머릿속을 맴돌았다.

한편으론

"어 허~ 탐진치의 무거운 등짐은 다 어찌하고? 행여 나로 하여이 맑음이 오염될라."

스스로에게 보이지 않는 채찍질도 해보았다. 어찌 되었거나 머릿속이 짹~ 하고 맑아진 하룻밤 이틀 낮이었다. (2001. 12. 21)

오월 속으로

6일과 7일 효도 방학을 하여 짧은 여행길에 올랐다. 산과 들은 연두와 초록이 너무나 아름다운 조화를 이루고 있었다. 불어오는 바람마저 단내를 담뿍 머금은 오월- 알맞게 구름에 가린 하늘은 산행하기엔 너무 좋은 날씨였다.

아홉 시 이십 분쯤 출발한 버스는 월출산을 향해 달렸다. 오전 11시쯤 월출산 입구에 도착하여 가벼운 차림으로 산을 오르기 시작했다.

산행만이 목적이 아니어서 모두 가벼운 평상복에 운동화 차림이었기 때문에 천황봉까지는 아니고 구름다리 있는 곳까지만 다녀오기로 되어있었다. 왕복 두 시간 반 정도 걸릴 거라고 했는데 난 무릎관절이 아파서 그것도 무리일 것 같은 생각이 들었다.

일행 중 절반 정도는 주차장 부근에서 시간을 보내겠다고 주저앉았지만, 나는 갈 수 있을 만큼만 다녀오기로 하고 산행 팀에 합류했다. 마침 산에서 내려오던 아주머니 한 분이 단단해 보이는 나무 지팡이를 주며 요긴하게 쓰라고 하셨다. 내가 무릎이 아픈 걸 어찌 아셨을까? 감사하며 복 받으시라고 인사했더니 기분 좋게 웃으셨다.

올라가는 길이야 지팡이가 필요 없지만 내려올 때를 생각하니 얼마나 고마운 지팡이인지!

한참을 올라가니 폭포 쪽으로 가는 길과 구름다리 쪽으로 가는 갈림길이 나왔다. 구름다리 쪽으로 방향을 잡고 조금 올라가자 숲속에서 낭랑한 불경 읽는 소리가 들렸다.

표지판으로 천왕사라는 절이 있다는 걸 알았다. 그런데 숲속에서 나타난 것은 절은 보이지 않고 빈터에 천막으로 지어진 초라한 곳에 천왕사 절터라는 표지판만 남아있고 그곳에서 두 사람이 뭔가를 준비하고 있었는데 아마도 낼모레 있을 초파일 준비를 하는 듯 보였다.

설마 이곳이 이정표에 적혀있는 그 천왕사일까 생각하며

"천왕사라는 절이 어디에 있나요?"

물었더니 이곳이 천왕사 절터가 맞는데 불에 타서 지금 복원 불사를 준비하는 중이라고 했다. 터로 미루어보아 조그만 암자가 있었던 듯싶었다.

오르던 길을 조금 더 올라가니 길이 가파르게 경사지며 등이 땀으로 젖어들기 시작했다. 올해는 유난히 자주 내린 봄비로 하여 숲길은 습기가 많이 남아있어 군데군데 미끄러운 곳도 많았다. 오르는 것이야 별문제가 없지만 내려올 일을 생각하니 무리해선 안 되겠다는 판단이 섰다.

선두에서 오르던 일행 중 나까지 포함해서 세 사람이 그만 돌아서자고 의견을 모았다. 정식 등반도 아닌 터라 적당히 돌아서는 것이 현명할 듯싶었다. 천천히 내려오면서 계곡물 가까이 바위에 걸터앉아 노래도 부르며 신록 우거진 숲길을 즐기면서 내려왔다.

한편으론 나이를 더해가면서 자꾸 고장만 나는 육신이 서글퍼지는 것을 감출 수는 없었다.

약 세 시간쯤 월출산에 머물다가 다시 버스를 타고 해남 대흥사로 향했다. 숙소에 들기 전에 대흥사까지 다녀오기로 했다. 숙소에서 약 삼십 분 거리라니까 다녀와서 저녁 식사를 하면 딱 좋을 것 같았다.

대흥사에 이르기까지 새소리 물소리 어우러진 숲길은 정말 아름다웠다. 난 이따금 가슴이 답답할 때 금산사 쪽 숲길을 즐겨 찾고 좋아했었는데, 이곳 대흥사계곡은 금산사 계곡보다 훨씬 길고 숲이 아름다웠다.

오래된 나무들은 길 양편에서 서로 팔을 내밀어 부둥켜안고 있어서 그야말로 녹색 터널이 끝없이 이어지고 있었다.

어떻게 보아도 나무는 아름답지만, 아래에서 올려다보는 단풍나무는 너무너무 아름다웠다. 앙증맞은 초록별들이 겹겹으로 서로를 받쳐주고 있는데, 가느다란 실핏줄까지 환히 보일 것처럼 맑고 투명하게 빛나고 있었다.

바람은 이름 모를 향기를 실어 코끝에 살랑이고, 길게 여운을 남기는 산새의 노래는 가슴을 파고들었다. 아침부터 흐리던 하늘은 조금씩 몸을 흔들어 명주실 같은 는개로 내려와 눈치채지 못하게 옷과 머리를 적시고 있었다.

사계절 모두 산은 나를 설레게 한다. 특히 오월의 산은 나를 온통 들뜨게 하여 사랑을 앓는 사람처럼 가슴이 뛰고, 얼굴에 가벼운 열기마저 느껴지며, 가슴 저 밑바닥에서부터 까닭 없는 흥겨움이 우쭐거리며 올라오곤 한다.

알맞게 피곤한 산책 뒤의 맛있는 저녁 식사의 포만감으로도, 푸른 숲이 기웃대는 산장에서의 나의 밤을 쉽게 잠재우지 못했다. 숨소리도 고르게 단잠에 빠진 동료를 한편으로 부러워하며, 은밀한 즐거움 속에 사박사박 새벽이 오는 소릴 혼자 들었다.

이튿날 아침부터 이슬비가 내려 버스에 오르면서 행여 보길도 행이 무산될까 걱정이 되었다.

땅끝마을로 갈 것인가, 완도 쪽으로 갈 것인가, 동행한 여행사 사장이 부산하게 전화 연락을 하더니 완도로 가서 보길도행 페리호를 타기로 했다.

해상에 폭풍주의보까지 내렸다는데 과연 보길도까지 들어갔다 나올 수 있을지... 빗줄기도 제법 굵어지고 안개까지 겹치는데 보길도에 들어가긴 한다 치고, 당일로 나올 수 있을지 염려가 되기도 했다.

선착장에 도착했는데 여객선이 보길도에 가긴 하는데 나오는 것은 장담할 수 없다고 했다.

다시 버스를 타고 땅끝마을로 향했다. 가면서 계속 전화를 하더니, 땅끝마을에서는 돌아오는 것까지 책임 진다는 다짐을 받았다.

부슬부슬 내리는 비를 맞으며 보길도행 배에 승선했다. 약 두 시간쯤 파도를 가르며 달려가서 보길도에 도착하였다. 바로 섬마을 버스에 올라서 고산 윤선도선생의 유적지를 향했다. 비도 내리고 돌아갈 시간이 촉박하여 여러 곳을 다 보지는 못하고, 선생이 머무르며 후학을 가르치고 어부사시사를 지었다는 세연정만 둘러보고 기념촬영도 하였다.

보길도는 말만 섬이지 산도 높고 들도 넓어서 이곳이 섬이라는 생각이 전혀 들지 않았다.

어제와는 달리 날씨가 나빠져서 육지로 돌아가는 일이 염려되어, 서둘러 관광을 마치고 선착장으로 돌아왔다. 그런데 큰일이 났다. 우리를 싣고 온 여객선이 태풍주의보 때문에 발이 묶여서 운항을 하지 못한다는 것이다.

그래도 여행사 사장이 이리저리 연락을 하여, 섬과 섬 사이를 이어주는 화물선에 타고 가까운 노화도까지 옮겨준다고 했다. 일단 노화도로 옮겨가서 땅끝마을과 최단 거리로 나갈 것이라고 했다.

노화도 선착장에 도착하여 섬 택시를 타고 땅끝마을과 가장 가까운 지점으로 이동했다. 그곳에서 배를 타고 육지로 나오는데,

비는 소나기처럼 쏟아지고 파도도 제법 일었지만, 그런대로 스릴이 있고 재미있었다. 오후 세 시가 훨씬 지나서야 땅끝마을에 도착하여 늦은 점심을 먹었다. 시장이 반찬이라고 늦은 점심이 얼마나 맛이 있던지…

배불리 먹고 버스를 타고 고향으로 돌아오는 길엔, 거센 비는 그치고 이슬비만 오락가락하였다. 오늘까지만 비가 내리고 내일은 비가 그쳐야 할 텐데…

석가탄일- 자비광명으로 이 땅에 부처님 오신 거룩한 날- 수많은 불자들의 소망을 밝힌 연등이 비에 젖을까 염려되었다.

(2003. 5. 7)

수락산 계곡

길지는 않지만, 며칠 간의 학년 말 방학이란 게 주어졌다. 말이 방학이지 이런저런 업무처리며 새 학년 준비 등으로 학년 말 방학이란 말뿐이진 없는 것이나 마찬가지이다.

토요일 오전까지 어깨 빠지게 새로 옮겨갈 교실을 치우고, 새 학년 아이들 맞을 준비를 한 다음 일요일과 삼일절인 월요일 이틀간은 확실하게 나를 위해 쓰기로 하였다.

긴장을 풀고 새로운 에너지를 충전하기 위해 수락산 산행으로 가족나들이 계획을 세웠다. 일상의 짐을 벗어놓고 홀가분하게 내 안의 에너지를 충전하기 위해 산을 찾는 일보다 더 좋은 일이 없는 것 같다.

여러 차례 대둔산은 찾았으면서도 그 뒤편으로 오르는 수락산은 이번이 처음이었다. 멀고 험난한 코스도 아니면서 아름다움을 맛볼 수 있다고 남편이 귀띔했다. 그런데 토요일 저녁 무렵부터 비가 조금씩 내리고 날씨가 불안해서 일요일의 산행이 주저되었다. 어떻게 될지 몰라서 간식거리도 별로 준비하지 않은 채 아침을 맞았는데, 다행히 일요일 아침엔 날씨가 맑게 개어있어서 서둘러 아침을 먹고 산행을 하기로 했다.

가벼운 운동복차림으로 간단히 간식을 챙겨서 대둔산 쪽으로 향하면서 혹시 춥지 않을까 조금 걱정이 되기도 했다.

약 두 시간쯤 걸려 대둔산 뒤편의 수락산 계곡으로 들어섰다. 입구에서 볼 때는 대둔산 앞쪽의 아름다운 암벽들이나 산의 자태에 비해 별로 멋있다는 생각이 들지 않았다. 다만 계곡을 향해 걸어가는 길이 잘 포장되어있었고 건강 산책로가 길게 이어져서 심심하지가 않았다.

포장도로가 끝나고 자연 상태의 흙과 돌로 덮인 길을 걸어 들어가다 보니 와! 탄성이 절로 나왔다.

이렇게 멋진 협곡이 우리나라에 그것도 전북과 충남의 경계에 있는 대둔산의 뒷자락에 숨어 있었다니... 계곡의 입구까지 거의 다가갈 때까지도 그 안에 그토록 멋진 협곡이 숨어있으리라고는 상상도 못 했다. 산과 산들이 시침 뚝 뗀 체 은밀하고 신비스러운 협곡을 꼭꼭 감추고 있었던 것이다.

규모는 작지만 작은 폭포도 네 개나 품고 있었다. 며칠 전에 내린 봄비로 암벽은 물기를 머금은 채 물방울을 뚝뚝 떨구고 있었다. 골짜기에선 크고 작은 물줄기들이 힘차게 흘러내리고 도시 근처에서는 볼 수 없는 청정한 기운이 가득하였다. 청설모에 쫓겨 보기가 어려워진 예쁜 다람쥐도 여러 마리 볼 수 있었다.

아스라이 이어져 어딘가 다른 세상으로 통하는 문 같은 협곡을 따라 올라가며 나는 꿈을 꾸고 있는 것 같았다.

경사가 거의 70도에 가까운 가파른 산이어서 220계단까지만 올라갔다가 내려왔다. 계속 올라가면 대둔산 정상과 만난다고 하는데 등산화도 아닌 운동화 차림이었고 시큰거리는 내 무릎을 믿을 수가 없었다.

되짚어 내려오면서도 '와! 너무 멋지다'를 연발하였다. 수락폭포 옆 바위에 앉아 이런 때 이런 장소에 꼭 맞는 노래가 없을까 아무리 궁리를 해도 떠오르지 않아서 안타까웠다.

음치나 겨우 면한 실력이지만 알맞은 노래가 생각났다면 산과 나무와 바람과 바위와 물소리가 어우러진 대자연을 무대 삼아 오페라 가수처럼 한껏 폼을 잡고 노래 한 곡 뽑아보고 싶었다.

그 골짜기 그 물소리- 오염되지 않은 원시적인 신비를 고스란히 품고 있는 그곳이 얼마나 내 안의 흥을 솟아나게 했던지 이렇게 가당찮은 욕심을 내보기도 했다.

산을 내려와서 〈황토집 사람들〉이라는 시골 정취가 물씬 풍기는 식당에서 청국장 정식을 맛있게 먹었다. 오붓이 앉아 식사할 수 있는 작은 방들도 맘에 들었고, 반찬들이 깔끔하고 맛깔스러웠다. 배불리 먹고 따끈한 아랫목에서 잠깐 눈도 붙였다.

웰빙이 별거라든가? 경비도 별로 들지 않고 이렇게 멋진 하루를 보낼 수 있었으니 이보다 더 좋은 일이 있을까? 정말 행복지수 만점인 하루였다. 게다가 삼일절이 월요일이니 몸이 조금 피곤해도 전혀 부담이 되지 않았다. (2004. 2. 29)

1박 2일 백령도 기행

기다림의 시간

한 학기를 마무리하여 가정으로 안전하게 아이들을 돌려보내고, 오늘부터 우리에겐 황금 같은 보너스 여름방학이 시작되었다. 그 첫 페이지를 우리는 서해의 최북단에 있으며 우리나라에서 여덟 번째로 크다는 백령도 기행으로 시작하는 것이다.

적당히 구름으로 가려진 하늘은 뜨겁지 않아서 여행하기엔 안성맞춤이었다. 인천 연안부두에 가까워지면서 짙은 안개가 나타났다. 함께 가는 여행사 사장님이 수시로 여객터미널에 전화 연락을 하면서 출항 상황을 알아보는데 안개로 여객선이 못 뜨고 있다 했다.

아침 7시 10분 배도 그대로 묶여있고, 모든 배들이 대기 중인

상태였다. 11시쯤 이른 점심을 먹고 여객선 터미널에서 우리도 대기할 수밖에 없었다. 12시 10분 예정이었지만 언제쯤 배가 뜰지는 알 수가 없었다.

바닥에 신문지를 깔고 삼삼오오 자리에 앉아 잡담으로 시간을 죽이며, 어쩌면 이대로 다른 곳으로 발길을 돌려야 할지 모른다는 불길한 생각을 하기도 했다.

오후 두 시- 끈질기게 기다린 보람으로 백령도 행 여객선에 오를 수 있었다. 연안부두에서 꼬박 다섯 시간이 걸리는 곳이라니 행여 뱃멀미라도 나지 않을지 조금 불안하기도 하였지만, 다행히 배의 후미 맨 뒷자리라 바람이 잘 들어와서 기분이 괜찮았다.

자리에 앉아서 잠깐 졸기도 하고, 뒤쪽 출입구 쪽으로 가서 여객선이 뒤집어놓고 가는 거센 물보라를 바라보기도 하면서 여행자의 설렘을 만끽하였다.

파도에 배가 출렁일 때마다 나는 말고삐를 잡고 함께 뛰어오르는 상상을 하며 눈이 시리도록 바다를 바라보았다.

남태평양의 시리도록 푸른 물빛은 아니지만, 동해에서 만났던 그 맑고 푸른 물빛은 아니지만, 안개로 부드럽게 가려진 저 서해의 진줏빛 얼굴은 얼마나 환상적인가!

하얀 물보라를 베일처럼 드리우며 거침없이 나아가는 여객선을 위해 바다는 말없이 가슴을 열어주고 있었다.

두어 시간 정도 파도에 출렁이다 보니 여기저기서 멀미를 하는 사람들이 나타났다. 아직도 갈 길은 먼데 몇 선생님들이 멀미로 힘들어했고, 여선생님 두 분은 몸을 가누지 못할 만큼 몹시 심하게 멀미를 하였다.

아! 백령도

오후 7시 백령도에 도착했다. 대기하고 있던 버스로 갈아타고 곧바로 섬 일주 관광에 나섰다. 버스 기사님이 직접 관광안내를 하면서 운전을 하는데 시끄러운 가요 사이에 멘트를 넣도록 입력된 로봇 같았다.

마이크의 울림과 궁짝거리는 음악 소리는 다소 길고 힘든 하루를 보내고 온 우리에게 짜증스런 소음일 수밖에 없었다. 음악을 꺼 달라고 부탁을 드리고 나서야 안내방송을 제대로 들을 수가 있었다.

열일곱 개의 작은 마을들로 이루어진 백령도는 해안도로만 벗어나면 정말 이곳이 섬일까? 싶도록 꽤 높은 산이 많고, 파랗게 어린 모가 자라는 넓은 들도 많았다. 논이 많아서 이곳 사람들은 일 년 농사를 잘 지으면 삼 년을 먹을 양식이 나온다고 했다.

육지와 멀리 떨어져 있지만 공산품을 제외하고는 웬만한 건 섬 자체로 자급자족이 되는 듯 했다. 인구는 약 8,100명 정도 된다는데 군인이 4,100명이라 한다.

이곳은 서해의 최북단 섬이기 때문에 육 해 공군이 모두 주둔하고 있는데 특히 해병대는 여단 규모의 병력이 주둔하고 있다 했다. 일반인보다 군인이 많은 걸 보니 전략상 중요한 위치임에 틀림이 없는 것 같다. 나폴리 해안과 더불어 세계에서 두 곳 밖에 없다는 천연비행장인 사곶 해수욕장은 천연기념물 제391호로 지정되어있는데, 시간이 없어서 4km에 펼쳐진 곱고 단단한 모래를 밟아볼 수 없는 것이 아쉬웠다.

콩돌 해수욕장에서는 잠시 내려서 정말 콩알 크기만큼 자잘한 돌들로 이루어진 바닷가를 사각거리며 잠시 걸어보고 기념촬영도 했다. 어두워지기 시작하는 조그만 포구 두무진에 차를 대고 싱싱한 활어와 삶은 소라로 입가심을 하고 숙소로 향했다.

(와 ~ 이곳의 마늘이 얼마나 매운지 속이 아려서 눈물이 쏙 빠지도록 혼이 났다.)

방 배정을 받고 짐을 푼 다음 가까운 식당에서 저녁 식사를 하고, 노래방 비슷한 클럽에서 두 시간 정도 즐거운 여흥의 시간을 가졌다.

내일은 유람선을 타고 섬을 바깥쪽에서 한 바퀴 돌아본다고 했다. 버스를 타고 숙소로 돌아오는 내내 곳곳에 복병처럼 숨어있다 길을 막는 안개 너울이 내일도 심술을 부리면 어쩌나 걱정이 되기도 했지만 '잘 되겠지. 모든 게 잘 풀릴 거야 –' 주문처럼 속으로 뇌이며 파도 소리 하나도 들리지 않는 섬 속의 육지에서 하루를 접었다.

둘째 날–

일찍 잠이 깨었지만 곤히 잠든 옆 사람들 깰까 봐 조심하고 있다가 6시 알람으로 맞춰놓은 핸드폰 소리가 울린 뒤에야 가만히 일어나 화장실에 갔다. 가만가만 세수하고 돌아와 조금 더 기다리다 함께 잔 일행들을 깨우고, 방을 정리하고 식사하러 내려갔다.

아침을 먹고 두무진 선착장으로 내려가 유람선을 탔다. 우리 일행 말고도 열 명 정도의 다른 손님들을 더 태우고 섬 일주를 시작했다. 실은 일주를 하는 건 아니고 섬의 한쪽만 돌다 돌아오는데 군사지역이기 때문에 일반 배가 접근할 수 없다고 했다.

수중으로 침입해 들어오는 것을 막기 위해 물밑에 방어용 장치를 해 놓았기 때문이라 한다.

서해의 해금강이라 불리는 백령도의 두무진은 금강산의 총석전을 옮겨놓았다 할 만큼 기암절벽이 많다고 했다.

첫 번째로 만난 것은 열세 장수가 작전 회의를 하고 있는 듯한 모습의 기암괴석들이었는데, 두무진은 이 바위들에서 따온 이름이라 한다.

신신대, 형제바위, 장군바위, 코끼리바위 등 보는 방향에 따라 그 모습이 다르게 보인다는 기암괴석들이 절경을 이루고 있있다.

예전에 한려해상국립공원을 돌아볼 때 홍도에서 만났던 아기자기하고 아름다운 풍광에는 훨씬 못 미치지만, 짧은 구간이나마 남성적인 기상이 느껴졌다.

특히 한반도에서는 유일하게 천연기념물로 지정 보호받고 있는 물범들이 이곳에서 집단 서식하고 있는데 파도가 잔잔하고 날씨가 좋은 날에는 물범바위 위에 수십 마리의 물범들이 올라와 휴식을 취한다고 한다. 그러나 오늘은 날씨 탓인지 한 마리도 눈에 띄지 않았다.

유람선 관광을 마치고 나서 이 섬의 최초의 교회를 둘러보고 한 식집에서 이른 점심을 먹었다. 버스 기사님은 여객터미널에 미련 없이 우리를 내려놓고 가버리고, 가진 건 시간밖에 없는 우리는 무료한 시간을 떼우기 위해 조그만 초병들의 숙소를 가로질러 해안으로 내려갔다. 잠시 놀다가 돌아와도 시간은 너무 많이 남아있다. 게다가 예정된 배는 12시 10분이지만 오늘도 안개 때문에 하염없이 기다려야만 한다. 다시 어제와 똑같은 상황이 벌어지고 너무나 좁고 열악한 터미널 안에 옹색하게 쪼그리고 앉아 〈대기 중〉이라는 빨간 글씨만 아프게 흘낏거렸다.

오후 3시- 배의 운항을 알리고 우리는 이젠 많이 지쳐서 배에 짐짝처럼 몸을 부리고 잠을 자기로 했다. 그렇게 다섯 시간 파도에 실려 비몽사몽 출렁이다가 인천 연안부두에 내려섰을 때는 저녁 여덟 시- 걸음을 옮길 때마다 멀쩡한 길이 출렁이는 것 같아서 술 취한 사람처럼 비틀거렸다. 배에서 내리고 나서야 나는 뒤늦게 멀미를 하는 것 같았다.

터미널 부근에서 맛없는 콩나물국밥으로 저녁을 때웠다. 실은 시원한 해물 칼국수가 먹고 싶었는데 국수가 떨어졌대나 뭐래나……

길든 짧든 여행의 끝은 항상 아쉬움을 남기지만 아직도 파도에 출렁이는 불완전한 내 영육을 편안히 눕힐 수 있는 내 집으로 서둘러 걸음을 옮겼다. 하룻밤 이틀 낮 동안 같은 공간에 떠서 출렁이던 사랑하는 사람들이여 편히 쉬시라. (2004. 7. 23)

사량蛇梁도에 가면 지리산이 있다

광복절이자 일요일인 15일 백두산악회의 104차 산행이 있는 날

"멀리 가니까 버스 한 대나 갈까 모르겠네."

남편의 걱정과는 달리 아침 6시 약속 장소에는 3대의 버스가 우리를 기다리고 있었다.

이번 산행은 가족 야유회를 겸한 것이어서인지 어린이를 대동한 가족들이 눈에 많이 띄었다. 2년여 만에 따라나선 탓에 몇 분을 제외하곤 대부분 낯선 얼굴들이다. 정회원뿐만 아니라 일반 동호회원들의 신청을 받아서 오늘 출발 인원은 무려 103명이나 된다고 했다.

미리 자리 잡고 계신 박 소장님 내외분이 타신 2호 차에 자리를 잡았다.

우리나라 사람들의 시간개념은 아직도 고무줄이어서 대성학원을 거쳐 대야를 지나 군산을 벗어난 시간은 6시 35분- 전국적으로 비가 내릴 거라는 기상예보는 있었지만, 적당히 하늘을 덮은 구름은 오히려 산행하기에 좋을 듯싶었다.

전주를 지나 진안 장수를 거쳐 장계 나들목에서 고속도로에 진입하였다. 차창으로 끝없이 다가오는 녹음 우거진 산과 초록으로 물결치는 들판은, 그동안 폭염과 열대야에 지친 심신의 피로를 말끔히 날려주는 것 같았다.

겹겹이 어깨를 마주하고 있는 산줄기- 그 진초록의 능선에 하얀 구름 띠를 두른 모습이 환상적이다. '여름 산에 소독차가 들었나? ㅎㅎ~' 산과 산 사이로 소독차가 지나가며 뽀얀 안개구름을 피워내면, 우리네 아이들처럼 산토끼 다람쥐랑 작은 짐승들이 줄줄이 뒤따라 달려갈 것 같은 상상을 하며 혼자서 웃었다.

대부분 아침을 거르고 나왔을 사람들을 위해 운영진에서 찰밥과 김치를 준비해 나눠주었다.

100명이 넘는 대가족의 먹거리며 뒤치닥거리를 자처하고 나선 산악회 임원들이 정말 고마웠다. 언제나 넉넉한 웃음으로 봉사하는 저들의 모습이야말로 진짜 산을 사랑하고 자연의 품에 들기를 좋아하는 멋진 사나이들 임에 틀림없다. (실질적으로 준비에 애써 준 아내들에게 고맙다는 말을 해야겠지만….)

오늘의 목적지인 사량도를 가기 위해서는 삼천포항에서 배를 타야 하는데 삼천포까지는 대략 네 시간 정도 소요된다고 했다. 중간에 마이산 휴게소에서 10분 정도 쉬고는 논스톱으로 달릴 거란다. 기분 좋은 설렘으로 아름다운 산야를 바라보며 '참 잘 따라 왔구나!' 싶었다.

지천으로 자라 아름답게 피어나는 여름꽃들 – 언덕배기엔 아침을 맞아 노란 꽃잎을 얌전히 접고 있는 달맞이꽃, 길옆에 줄지어 서서 수줍게 웃고 있는 부용화, 황금빛 해바라기를 닮은 천인국, 진분홍의 꽃잎을 일제히 피워 들어 숨이 막히게 하는 배롱나무, 새빨간 칸나와 여름 코스모스… 뒤 집 울타리에 흐드러지게 핀 능소화, 하양과 연보랏빛의 도라지꽃, 구절초와 개망초꽃, 빨갛게 익어가는 고추밭의 열매들, 밭 가장자리의 수숫대와 옥수수… 차창으로 스쳐 지나가는 너무너무 아름다운 풍경이 가슴 가득 행복으로 차 올라왔다.

멀리는 이렇게 아름다운 자연을 허락하신 신에게, 가까이는 오늘 이 자리에 데려와 준 남편에게 진심으로 감사하다는 생각이 들었다.

사천 나들목을 빠져나오면서부터 비가 내리기 시작했다. 모처럼 나선 산행이 무산되면 어쩌나 조금 걱정이 되긴 했지만, 비옷을 입고라도 가는 데까지 가보리라 다짐했다.

10시 40분쯤 삼천포에서 배를 타고 사량도로 출발– 비는 그치고 흐린 하늘에 바다는 잔잔했다. 사량도는 윗섬과 아랫섬 두 개의 섬으로 되어있는데 우리의 목적지는 윗섬에 있는 지리산이다. 우리나라 국립공원 제1호이며 5대 명산의 하나인 지리산과 이름이 똑같은 사량도의 지리산은 과연 어떤 모습일까 내심 궁금하였다.

40분 정도 배를 타고 내린 곳은 조그만 포구의 내지 마을 – 바닷가 바로 옆에 사량초교 내지분교가 있었다. 쉬는 시간에도 금방 달려 나와 바닷물에 발을 적시며 갯벌에서 뛰놀 수 있을 것 같았다.

도착하자마자 산행을 할 사람들만 배에서 내리고, 나머지 사람들은 배로 섬을 한 바퀴 돌고 나서 갯벌체험(문어 잡기 등)을 한다고 했다.

우리 부부는 산행 팀에 합류했다. 어림잡아 삼십 명이 채 안 되는 숫자만 산행을 하는 것 같았다. 갑자기 후두둑~ 빗방울이 떨어지기 시작했다. 많은 비는 아닐 것 같아 준비해간 비옷을 꺼내 입고 산길을 오르기 시작했다.

등산화를 신지 않고 편한 운동화를 신은 것이 맘에 걸렸지만, 가장 높은 곳이 기껏 398m라는데 게다가 완주를 하는 것이 아니라 절반만 타고 내려온다니까 괜찮겠지 생각했다. 그런데 웬걸-산의 초입부터 경사는 가파르고 거치장스런 비옷으로 더위가 가중되어 몇 걸음 걷지 않아 거친 숨을 쉬어야만 했다.

빗방울이 가늘어지자 비옷을 벗어버리고 호흡을 가다듬으며 천천히 산을 오르기 시작했다. 우거진 나무들 때문에 따가운 햇볕을 피할 수 있어서 다행이었지만, 계속해서 가파른 산길을 이런 식으로 올라가야 한다면 무릎관절이 부실한 내가 무사히 산행을 마칠 수 있을지 은근히 걱정되기 시작했다.

세 시간 정도 계획한 산행이니 크게 무리는 아닐 테고, 그동안 아침마다 산엘 다녔으니 어디 한번 시험해보자는 생각도 들었다. 그렇지만 올라갈수록 경사는 급해지고, 시루떡을 썰어서 옆으로 세워놓은 것처럼 세로로 날을 세운 바윗돌은 낡은 운동화를 불안하게 만들었다.

남편의 응원을 받으며 힘겹게 첫 번째 봉우리에 올라 사방을 둘러보니 와 ~ 탄성이 절로 났다. 구름은 걷히고 바람 한 점 없어 잔잔하고 푸른 바다가 사방으로 펼쳐져 있는데, 멀리 가까이 섬들이 마치 연결된 것처럼 보여서 과연 남해는 다도해라는 말이 실감이 났다.

서해의 바닷물과는 비교도 안 되게 푸른 물빛 하며, 높은 곳에서 내려다보는 아담한 포구와 조그만 마을들, 그물망처럼 떠있는 양식장의 하얀 부표와 한가로이 나는 몇 마리의 물새 그리고 어선들... 왜 이곳을 지리산이라 하였는지 고개가 끄덕여졌다.

심산유곡 골짜기마다 아름다운 비경을 품고 있어 그 아름답고 경이로움을 표현할 길이 없는 국립공원 지리산이 육지에 있다면, 이곳 남해의 사량도에는 규모는 작지만 접근하기는 결코 만만치 않은 산, 그리고 능선을 따라가다 높은 봉우리에 올라서면 사방으로 펼쳐지는 절경을 만끽할 수 있는 산, 작은 지리산이 있었던것이다.

잠깐의 휴식으로 숨을 다스리고 다시 발밑을 살피며 오르고 내리기를 거듭하였다. 때로는 가파른 벼랑길을 두 손으로 바위를 붙잡고 조심조심 돌아가기도 하고, 뾰족뾰족한 바위에 찔릴까 봐 조심하며 네 발(?)로 엉금엉금 기어 내려오거나, 기를 쓰고 올라가기도 하였다.

마지막 목표지 촛대봉에서 일행들과 만나 가져간 물과 간식을 나눠 먹고 기념촬영도 찰칵.

배도 고프고 체력도 거의 바닥이 나 버린 것 같았다. 이제 내려가는 일만 남았지만, 내리막길이 더 위험했다. 게다가 올라오는 길에 돌부리에 몇 번 걸렸던 운동화의 앞창이 자꾸만 입을 벌려서 더욱 불편했다. 산을 얕보지 말라는 교훈을 얻은 셈이다.

여러 번 미끄러지며 엉덩방아도 한 번 찧고, 어렵사리 내려오는 길은 내 키만큼 높게 자란 억센 풀들이 자꾸 장난을 치기도 했다.

몇 발자국 앞서간 사람들의 흔적을 금방 덮어 길을 감추곤 해서 잠간씩 나를 당황케 했다.

이 섬엔 뱀도 많다는데… 길지 않은 구간이었지만 열대 우림지역을 통과하는 것 같은 스릴도 맛보았다. 뒤에 쳐진 나를 보살피며 내려오느라 더욱 힘들었을 남편이 정말 고마웠다.

사량초교 내지분교 옆 넓은 정자나무 밑에 마련된 공터에서 늦은 점심을 먹었다. 현지 식당에서 운반해 온 밥과 찌개 등 반찬도 제법 푸짐했지만, 생각보다 입맛이 당기지는 않았다.

식사 후에는 이 섬에서 많이 잡힌다는 문어를 삶아서 맛보게 해 주었고, 식당 아주머니는 덤으로 홍합을 삶아서 내 오셨는데 커다란 고무통에 담아서 손수레로 끌고 나오셨다. 인심 또한 넉넉하다.

4시 30분 배를 타고 사량도를 출발하기 전에 잠시 경품권 추첨도 있었다. 식사 준비며 과일과 음료수 등 100여 명의 먹거리를 챙겨주고, 구수한 입담을 섞어 웃음과 작은 선물까지 배려해 준 산악회 임원들의 수고함이 돋보인 하루 행사였다.

전에도 그랬지만 이번에도, 서로 밀어주고 끌어주며 행사를 치르는 백두산악회 임원들을 옆에서 바라보면서 참 괜찮은 사람들이라는 생각을 여러 번 했다.

아침 여섯 시에 출발하여 집에 도착한 시간이 거의 밤 11시가 되었으니 긴- 하루를 보낸 셈이지만 정말로 유쾌하고 아름다운 하룻길이었다. (2004. 8. 16)

달빛 소나타

개학을 사흘 앞두고 직원연수 및 단합대회 명목으로 하루 나들이가 있었다. 목적지는 담양 대나무 테마공원을 들러 보성 녹차밭을 다녀오는 것이었다.

8시 20분 학교 앞에서 출발한 버스는 호남고속도를 신나게 달렸다. 어느새 이삭들이 알차게 여물어 가는 들판은 진한 초록에서 황녹색으로 변해가고 있었다.

딱 꼬집어 '이것이다'라고 말할 수는 없지만, 가을이 우리 곁에 성큼 다가와 있음을 느낄 수 있었다. 아직은 짙푸른 녹음을 품고 있는 산과 들에서는 잘 숙성된 계절이 느껴지는 것 같았다. 점점 무거워지는 고개를 가누고 다소곳이 부름을 기다리고 서 있는 밭고랑의 수수며, 빨갛게 익은 고추를 따서 말리는 풍경이 그대로 한 장의 그림이 되었다.

밭두렁에 뒹구는 누런 호박, 시골집 담장 너머로 너무 예쁘게 익어가던 석류 그리고 종이봉투를 쓰고 맛이 깊어지기를 기다리는 배와 사과들, 황금빛 환한 얼굴로 가슴에 씨앗을 품어 영글기를 기다리는 해바라기와 하늘거리는 코스모스- 모두가 마음으로 그려놓은 틀 안에서 잔잔한 그림이 되고 예쁜 그림엽서가 되었다.

두어 시간쯤 고속도로를 쌩쌩 달리다가 장성 나들목에서 국도로 내려와서 아름다운 장성호를 끼고돌아 담양 테마공원으로 향했다.

담양은 대나무의 고장이고 대나무 공예품으로 유명하여 몇 년 전에도 한 번 다녀갔지만, 그때는 대나무 박물관에만 다녀갔었다. 대나무 테마공원은 최근에 드라마와 영화촬영지로 알려지면서 관광객들이 많이 다녀가는 것 같았다

아직은 진입로도 잘 닦여있지 않고 관광지다운 면모를 갖추고 있지는 않았지만, 사람들의 발길에 덜 짓밟힌 순수함이 느껴지는 곳이었다.

장정의 팔뚝 굵기만큼 굵고 쭉쭉 뻗은 대나무 숲길을 걸으며 삼

림욕을 할 수 있도록 산책로는 잘 정리되어 있었다. 언젠가 대나무에서 뿜어져 나오는 청정한 기운은 뇌 활동에 아주 좋다는 얘기를 TV에서 들은 적이 있다 .

無心 – 속을 비우고도 이렇게 강인한 힘으로 하늘을 향해 치솟는 푸른 기운! 그럴 수 있다면 대나무 숲에서 영혼까지 맑아지는 건강한 기운을 담뿍 받아들이고 싶었다.

울창한 산책로를 따라 걷는데 스피커를 통해 애잔하게 대숲에 울려 퍼지는 대금산조의 가락은 깊고 고요한 대나무 숲의 운치를 더했다. 숲의 맑음과 고요를 천천히 즐기며 좀 더 머물고 싶었지만, 계획된 시간에 쫓겨 한 장의 기념사진 속에 아쉬움을 밀어 넣은 채 우리는 바삐 그곳을 떠났다.

두 번째로 버스가 멈추어 선 곳은 그림처럼 아름다운 담양호를 내려다보며 옹기항아리로 지붕을 이은 멋스러운 찻집이었다. 눈요기만 하는 줄 알았는데 우리들의 대장께서 전통차 한 잔씩을 사주셨다.

푸른 산 그림자를 품어 더욱 깊어진 수면 위로 느리게 흘러가는 하얀 구름을 내려다보며 짧은 시간이었지만 우리는 우아하게 마음의 사치를 누렸다. 아름다운 우리 강산– 눈을 두는 곳마다 얼마나 아름다운지! 호숫가의 배롱나무들조차 진분홍 웃음을 질펀하게 풀어놓아 길손의 가슴을 설레게 했다.

세 번째로 들린 곳은 순천 송광사 – 그곳에서 산채비빔밥으로 점심을 먹고 반 시간 정도 자유 시간을 주었다. 계곡물에 발 담그고 놀든지 송광사 구경을 하든지 자유롭게 하라고 했다. 이곳까지 왔으니 들어가 구경하자며 광자 형님이 입장권을 끊어서 네 명이 경내로 들어갔다. 우리 말고도 몇 사람이 더 절 구경에 나선 것 같았고 대부분은 식당 부근 계곡에서 시간을 보낸 것 같았다.

위낙 넓고 유서 깊은 절이라 수박 겉핥기로 대충 둘러보는데도 시간이 너무 부족했다. 겨우 두세 곳의 전각만 둘러보고 발길을 재촉하는데, 아무리 시간에 쫓기지만 그냥 나올 수 없어서 대웅전에 들어가 삼배를 올리고 나왔다.

네 번째, 오늘의 주요 목적지인 보성 녹차 밭에 도착한 시간은 3시 반쯤 – 하늘이 보이지 않을 만큼 울창한 삼나무 숲길을 걸어 올라가 산자락을 가득 덮은 녹차 밭에 섰다. 드라마에서 환상적인 장면으로 보여지던 녹차 밭에서, 어설픈 포즈로 사진 한 장 찍고 (나중에 보니 역광으로 찍어서 실패작이 되고 말았음) 내려와서 녹차 선물도 샀다.

지난번에 왔을 때는 저녁 시간이어서 녹차 밭 위로 수많은 꼬마 전구들이 은하수처럼 반짝이고 있었는데 오늘은 부신 햇살을 받아 윤기 나는 초록이 너무 아름다웠다.

녹차 밭을 떠나 가까운 곳에 있는 율포해수욕장으로 옮겨서 우리는 자유롭게 두 팀으로 나누어 해수탕에 들어갔다. 대부분의 젊은 선생님들은 해수탕에 들어가지 않았지만, 우리네야 바닷물과 녹차물에 피곤한 몸을 담그고 하루의 피로를 풀 수 있어서 좋았다.

특히 탕 안에서 넓은 유리창을 통해 바라보는 바다는 얼마나 근사한지! 철 지난 해수욕장은 사람들이 붐비지 않아서 오히려 좋았다. 연인인 듯한 두 젊은이가 옷을 입은 채 물속에서 장난치는 모습이 아름다웠다.

한 시간 반쯤 탕에서 놀다가 밖으로 나와서 해물 전골로 저녁 식사를 했다. 이제 집으로 돌아가는 시간– 따가운 햇살을 쏟아붓던 해는 산으로 넘어가고 불그스름한 여명으로 더욱 아름다워 보이는 바다를 바라보며 버스는 달렸다.

가는 길에 낙안읍성까지 들리자고 의견들이 모아졌다. 한 시간쯤이면 그곳에 갈 수 있다지만 어두워서 무얼 볼 수나 있을지 알 수 없었다. 그러나 어쩌랴 – 어차피 하루는 저당 잡힌 몸들이니 가는 데까지 갈 수밖에.

정말 낙안읍성에 도착했을 때는 완전히 어두워져 있었다. 입장료를 받는 사람도 없었고 읍성 안에서 장사를 하는 곳만 두어 군데 불을 밝혀두고 있었다.

다행히 보름을 며칠 앞둔 통통한 반달이 높게 떠 주어서 마을은 은은한 실루엣을 드러내고 있었다. 우리는 갑자기 거꾸로 가는 시간열차를 타고 옛사람들이 살고있는 마을에 불쑥 뛰어든 것 같았다.

이렇게 밀어붙이지 않았다면 달밤에 낙안읍성을 밟아볼 수 있겠느냐며 유쾌하게들 웃었다.

달빛 쏘나타– 오늘이 지나면 또 하나의 아름다운 추억으로 남을 우리들의 마지막 코스는 이렇게 끝을 맺고 버스는 군산을 향해 다시 달리기 시작했다. 어둠 속을 뚫고 구불구불한 산길을 내려오는 버스 기사님이 너무 애쓰신다는 생각을 하며 나는 자꾸만 잠 속으로 빠져들었다. (2005. 8. 27)

나를 만나러 가는 길

세상이라는 거대한 물결 속에서 나에게 붙여진 수많은 이름을 주절주절 매달고 하루를 살아가는 일이 너무나 힘이 들어서, 기진한 나를 일으켜 세울 누군가의 손이 간절하게 필요할 때가 있다. 지친 내 어깨를 두드려줄 따뜻한 손이 가족이나 친구일 수도 있지만, 그러나 내 안에 깊이 드리운 외로움은 늘 나 스스로 어루만져 치료해야 한다는 것을 경험을 통해 알았다.

시아버님의 11년째 되풀이되는 입원과 퇴원의 고된 투쟁이 올해는 좀 더 힘이 들 듯하다. 6월 12일에 중환자실에 들어가신 이후 단 한 번도 제대로 의식을 찾지 못하신 채 여러 가닥의 낯선 줄에 매달려 하루하루를 넘기고 있다.

기약 없는 투병 생활로 인해 경제적으로나 정신적으로 우리는 모두 서서히 지쳐가고 있지만, 누구도 입 밖으로 힘들다는 말조차 내뱉을 수가 없다.

방학을 하고 조금 마음의 여유가 생기자 두통과 함께 심한 몸살감기가 찾아들었다. 전국 교사불자 여름 수련회에 참가하려고 마음을 먹고 있었는데, 좀처럼 나아지지 않는 열감기와 심한 기침으로 모처럼 마음을 낸 이번 기회마저도 포기해야 되는 게 아닐까 조바심이 났다.

몇 차례나 동참하려고 했다가 이런저런 사정이 생겨 아쉬운 마음을 접어야 했던 교사불자 연수회 – 이번엔 꼭 참여하리라 다짐을 했는데 아버님은 중환자실에서 기약 없이 누워계시고 내 몸마저 방해를 놓으려 하다니…

연수가 있기 전날 병원에 다시 가서 주사를 맞고 5일분의 처방전을 받아 약을 받아왔다. 여러 정황이 내 발목을 잡았지만, 이번만은 무리를 해서라도 꼭 참여하고 싶었다. 아니 어쩜 힘들고 짜증스러운 일상으로부터 어딘가로 도망치고 싶은 마음이 더 강했는지도 모르겠다. 게다가 5대 적멸보궁의 하나인 화엄사에서 있는 수련회임에랴 – 나의 이런 마음을 읽었는지 미안해하며 머뭇거리는 나를 남편은 집안일은 걱정말고 다녀오라며 등을 밀어주었다. 몸이 부실한 나를 걱정해주며 이것저것 약까지 챙겨주는 남편이 고마웠다.

8월 2일 – 고마운 친구 경순과 순희선배 그리고 나 셋이서 전남 구례 지리산자락의 화엄사에 도착한 것은 오후 1시쯤, 조금 일찍 도착해서인지 아직 많은 사람이 오지는 않았다. 방을 배정받고 옷을 갈아입고 경내를 둘러보았다.

언젠가 한 번 스쳐간 곳일 테지만 오늘 천천히 여유를 가지고 둘러보니, 높고 푸른 산으로 둘러싸인 참 넓고 큰 가람이 고즈넉하면서도 성스러운 기운이 감돌고 있었다. 절집으로 올라오는 계곡엔 맑고 풍부한 물줄기가 얼마나 힘차게 흐르고 있었던가! 쏟아지는 햇빛 아래 맑은 도량을 에워싼 짙푸른 나무들에선 싱싱하고 푸른 생명의 기운이 말할 수 없는 감미로운 향기와 함께 뿜어져 나오고 있었다.

오후 3시– 국보로 지정된 각황전에 전국에서 모인 교사불자들이 입제식을 위해 조용히 자리를 잡았다. 서울에서 내려오신 조계종 포교원장이신 도영스님을 비롯하여 화엄사의 많은 스님들과 연수생 등 200여 명이 각황전 법당을 가득 메웠으나 모두가 하나같이 거룩한 분위기로 숨소리마저 조심스러웠다.

입제식을 마치고 빈틈없이 짜여진 연수 일정에 맞춰 첫 강론은 실상사에서 오신 각목스님의 열강이 있었다. 소탈하고 유머 넘치며 힘 있는 법문을 들으면서, 불교신자라고 말하기도 부끄러울 정도로 불교에 대한 지식이 거의 없는 나 같은 사람에겐 참 귀한 기회이다 싶었다.

저녁 공양 후 저녁예불까지 마치고 방사로 돌아와서 샤워를 하고 자리에 누우니, 모기장을 바른 문을 통해 높은 산과 어두워지기 시작한 하늘 그리고 나무들 사이를 돌아 불어오는 산들바람이 한낮의 더위를 잊게 해주었다.

바뀐 잠자리도 그렇지만 거룩한 부처님의 성전에서 이렇게 편안하게 맞이하는 밤의 느낌이 너무나 좋아서 잠을 이룰 수가 없었다.

함께 자리에 든 다른 도반들이 모두 새근새근 숨소리도 고르게 잠이 든 뒤에도 초사흘을 며칠 벗어난 달빛과 푸른 별을 머리에 인 나무들의 나직한 숨소리와 풀 벌레 소리 그리고 길게 여운을 끌며 인사를 걸어오는 밤새소리까지 모두 나를 쉬 잠들지 못하게 하였다.

둘째 날- 새벽 네 시부터 시작되는 아침 예불에 참석하기 위해 각황전으로 숨 가쁘게 올라갔다. 그러나 예불을 마치고 처음 해보는 108배는 다 채우지 못했다. 조금 늦게 간 탓으로 방석 없이 딱딱한 마루 바닥에 꿇어 엎드리는 일이 쉽지 않았다.

아침 공양으로 맛있게 끓인 팥죽을 먹었다. 오늘과 내일 이번 연수프로그램의 주제인 자비명상을 이끌어주시기 위해 마곡사의 마가스님이 법문을 해주시기로 했다.

마가스님의 첫 법문에서부터 아니 첫 대면에서부터 우리는 모두 스님에게 홀딱 빠지고 말았다. 마가스님께선 부드러운 카리스마와 대단한 흡인력으로 우리를 한눈에 사로잡으시고 우리 모두 그분 앞에서 어린아이처럼 순수해짐을 체험했다.

이틀 동안 네 번에 걸쳐 피가 되고 살이 되는 귀한 법문으로 영혼까지 맑아지는 귀한 체험을 할 수 있었다. 난생처음으로 나를 제대로 돌아보고 나를 긍정적으로 평가하고 추켜 주고 사랑해 보았으며, 자비의 마음으로 상대를 보는 방법을 체험했다. 그것은 그 어떤 이론보다 힘이 있었고 감동적이었다. 점심 공양 후의 서강대 박광서교수님의 강의 또한 귀한 말씀이었다.

셋째 날- 새벽 예불과 108배는 하나도 놓치지 않고 따라했다. 힘들어서 못 할 줄 알았는데 훌륭하신 스님들과 도반들의 힘을 받아서인지 아니면 거룩하신 부처님의 성전에서 받는 가피력 때문인지 힘들다는 생각 없이 마칠 수 있었다.

그리고 이번 연수에서 가장 감명 깊은 체험인 새벽 숲길 걷기 명상은 너무너무 좋았다. 신발도 양말도 벗어버리고 맨발로 구층암까지 묵언으로 걸어서 다녀왔다. 오감을 활짝 열어놓고 입은 조용히 닫아 놓은 채 …

나는 숲이 되고 나무가 되고 풀이 되고 물소리가 되고 바람이 되었다. 나무와 숲과 물소리가 내 안으로 들어와 나를 가득 채웠다. 살아있음이 감사했고 이렇게 서툴게나마 부처님 곁으로 한 걸음 다가설 수 있음이 한없이 행복했다.

처음으로 하늘을 만나는
어린 새처럼
처음으로 땅을 밟고 일어서는
새싹처럼
우리는 하루가 저무는 저녁 무렵에도

아침처럼 새봄처럼

처음처럼 다시

새날을 시작하고 있다

(2006. 8. 2 ~ 8. 4 구례 화엄사 교사불자연수회를 마치고)

백담사에서 봉정암까지

10월 1일이 토요일이고 월요일은 개천절이라 연휴를 잡아 금강경독송회에서 성지순례 일정이 잡혔다. 아이들 때문에 망설이다가 토요일 하루 도우미교사에게 SOS를 청한 뒤 연가를 내고 성지순례에 동참했다. 강원도 설악산자락에 깊숙이 안겨있는 백담사와 더 깊이 들어앉은 봉정암에 2박 3일로 다녀오기로 했다.

금요일부터 비가 내리기 시작하여 산행이 가능할지 염려가 되었지만, 눈비를 불사하고 강행하겠다는 얘기를 전해 들었다. 이런 기회가 쉽게 만들어지지 않기 때문에 마음먹었을 때 실행하려는 것일 테고, 또 일기예보에서도 토요일 오후부터 비가 그친다고 했다 한다.

군산에서 오전 11시에 출발하여 오후 6시쯤에 백담사 입구에 도착했다. 만해 한용운선생이 계셨던 곳으로 알려진 백담사는 전두환 전 대통령이 한동안 들어가 있은 뒤로 세간에 널리 알려지자 관광객의 발길이 끊이지를 않는다고 한다.

매표소에서 백담사까지 예전에는 아름다운 골짜기를 따라 한 시간 정도 걸어 들어갔었다는데, 지금은 아예 이곳 사람들이 운영하는 40인승 셔틀버스 아홉 대가 꼬리에 꼬리를 물고 사람들을 실어 나르고 있었다. 도대체 이런 연휴나 주말에는 얼마나 많은 사람이 이곳을 찾는지 그 수를 가늠하기 어려웠다.

절을 찾는 손님들의 숙소로 쓰이는 전각이 여러 동이 있었고 방이 굉장히 많은데도, 예약을 하지 않은 사람은 방이 없어서 되돌아서야 할 정도였다. 이렇게 사람들이 많은 것은 대청봉에서부터 시작하는 단풍을 미리 달려와서 보려는 산행객들이 주류를 이루고, 우리처럼 5대 적멸보궁의 하나인 봉정암을 찾아가는 성지 순례자들이라 한다.

사찰에서 밤을 지내는 일이 흔치 않아서 가슴이 설레기까지 하였다. 저녁예불시간에 맞춰 울려 퍼지던 범종 소리의 깊고 은은한 울림은 죽은 자와 산 자, 이승과 저승을 넘나들 것 같은 무한의 깊이가 느껴졌다.

모든 불이 꺼지고 고요 속에 묻힌 산사의 밤은 계곡물 소리만 혼자 깨어서 밤을 가로지르고 있었다. 이리저리 뒤척이며 잠을 이루지 못하다 잠깐 눈을 붙였는가 했는데 방 밖에서 낭랑한 목탁소리가 잠을 깨운다.

어느새 새벽 세 시 – 스님이 발자국 소리도 없이 더없이 맑은 목탁 소리로 도량 안의 어둡고 탁한 기운을 걷어내는 성스러운 의식을 행하고 계셨다. 곧이어 법당에서 새벽예불을 드리는 소리가 나직하게 들려왔다. 예까지 왔으니 새벽예불에 참석할까 잠깐 망설였지만, 우리 일행은 새벽예불에는 동참하지 않고 좀 더 자리에 누운 채 아침이 오기를 기다렸다.

백담사에서 그렇게 1박을 하고 새벽 6시에 아침 공양을 마친 뒤 주먹밥 한 덩이씩을 받아들고 봉정암으로 산행을 시작했다. 산을 잘 타는 사람들은 다섯 시간 정도 걸리고, 보통은 여섯 시간 정도 걸어야 다다를 수 있는 높고 험한 곳에 위치한 봉정암은, 설악의 가장 높은 봉우리인 대청봉과 2.4Km 밖에 떨어져 있지 않다고 한다. 그래서 오색약수터를 거쳐 대청봉을 등반하고 봉정암으로 내려와서 1박을 하고 다음 날 백담사로 넘어오는 사람들도 많다고 한다.

우리는 봉정암을 목적하고 나선 길이고, 우리에겐 너무 힘들고 벅찬 산행길이라 대청봉까지는 욕심을 부리지 않기로 했다.

백담사 근처까지는 아직 단풍이 내려오지 않았는데 봉정암을 향해 올라가는 중간쯤부터는 벌써 단풍이 물들고 있었고, 올라갈수록 눈이 부시게 아름다운 단풍과 비경이 펼쳐졌다.

산이 높으니 골짜기도 깊고 길어서 골짜기마다 폭포가 쏟아지고 청정지역의 나무들은 얼마나 그 색깔이 선명한지! 초록빛깔은 물론이고 단풍이 곱게 든 나무들은 빨갛고 노란빛의 수액들이 뚝뚝 떨어질 것만 같았다. 공기는 또 얼마나 달고 상큼한지 영혼까지 말갛게 씻어주는 것 같았다.

짐을 줄이고 줄인다고 했건만 시간이 갈수록 무게가 느껴지는 커다란 배낭이 자꾸 부담스럽고 힘이 들었다. 꾸준히 운동을 해서 체력이라도 길렀어야 했는데 개학 전부터 시작된 잔병치레로 체력은 바닥나고, 개학하고도 운동은 엄두도 내지 못했던 터라 여섯 시간을 무거운 배낭을 메고 산을 오르는 일이 내겐 너무나 힘이 들었다.

선택의 여지 없이 오르고 오르기만 해야 하는 산길에서, 나는 수없이 주문을 외우듯 중얼거리며 앞으로 나아갔다.

"아무리 짐이 무거운들 내 업장보다 무거우랴 – 부처님, 이렇게라도 내 발로 걸어갈 수 있는 건강 주셔서 감사합니다."

중간에 잠시 선 채로 숨을 가누기도 하고 준비해간 주먹밥도 먹고, 체력보충을 위해 오이와 초콜렛도 먹으며 있는 힘을 다해 산을 올랐다. 길은 가파르고 험했으며 한 사람이 겨우 비켜 갈 좁은 길이 대부분인 데다, 아침나절 잠시 내렸던 비로 바위가 젖어있어서 발밑을 살피느라 그토록 아름다운 경치를 마음 놓고 구경할 수가 없어서 안타까웠다.

수십 개나 되는 사다리를 기어오르고, 발바닥이 간질간질하게 고공에 매달린 다리를 건너기도 하는데 골짜기마다 콸콸콸~ 소리도 우렁찬 물줄기들은 잡다한 인간들의 소리를 가리지 않고 흡수해 버렸다.

앞자락에 매단 디카를 꺼내 차마 놓고 가기 어려운 경치를 잡아보려 했지만, 내 실력으로는 역부족이었다. 겨우 봉정암으로 향하는 초입에서 몇 장 건졌을 뿐 정작 봉정암 근처의 입이 떡 벌어지

는 비경은 카메라에 담지 못했다

올라갈 때는 숨이 턱에 닿아 못 찍고, 내려오던 날 아침은 비가 제법 많이 내렸고 '앞으로 나란히'를 하듯 바짝 붙어 내려가는 하산객들에 밀려 카메라를 꺼내 보지도 못했다. 말로 다 표현할 수 없는 아름다운 비경이 거기 있었는데도 아쉽고 안타까운 탄식을 하며, 미끄러지지 않기 위해 안간힘을 써야만 했다.

백담사에서 무려 여섯 시간여를 걸어 도착한 봉정암- 설악의 최정상인 대청봉까지 2.4Km밖에 떨어지지 않은 높고 높은 곳에 위치한 성스러운 터, 우리나라 5대 적멸보궁의 하나인 이곳엔 부처님의 뇌 사리가 모셔진 사리탑이 있는 곳이다.

사리탑은 암자에서 5분 정도 올라간 산봉우리 위에 세워져 있었다. 이곳 역시 법당은 작은데 손님을 위해 지은 방은 꽤 규모가 컸다. 대략 오륙 백 명은 쉬어갈 규모인 것 같았다.

방을 배정받고 잠시 다리를 쉬었다가 사리탑에 올라가 금강경 칠 독을 바쳤다. 게으름에 밀려 경 읽기를 놓은 지가 오래되었는데도 특별한 자리의 기운 탓인지 일곱 번의 독송이 조금도 힘들지 않았다.

잠깐의 정진을 마치고 암자로 내려오니 저녁 공양 시간이 멀었음에도 저녁 공양을 받기 위해 늘어선 줄이 끝이 보이지 않는다. 얼추잡아 2천여 명이 올라왔다니 밥은 그렇다 치고 밤을 어찌 새울지 걱정이 되었다.

다행히 우리는 방을 배정받기는 했지만, 다리를 뻗고 누울 수 있는 공간은 아예 포기해야 했다. 방마다 빼곡히 들어차서 앉은 채로 밤을 새워야 하고, 그나마도 방 안으로 들어올 수 있는 사람은 행운이었다.

어두워지기 시작하면서 비까지 내리고 바람까지 불었다. 그런데도 발 디딜 틈조차 없는 방안으로의 진입을 포기한 채, 절에서 내어주는 비닐과 방석으로 처마를 의지해 밖에서 밤을 지내는 사람도 엄청나게 많았다.

법당에선 이예 다리 뻗기를 포기한 불자들이 밤을 꼬박 새워 철야기도가 이어지고, 땀내로 어우러진 요사채는 지옥의 모습이었다.

아수라 지옥– 바로 이런 곳이 아닐까? 봉정암에서 보낸 하룻밤은 잘 난 체하는 마음으로 가득한 우리 중생들에게 아수라 지옥을 체험케 하는 부처님의 섭리는 아니었을까?

한 발자국이라도 먼저 밥을 타려고 밀치고 소리를 내지르고, 한 뼘이라도 넓게 앉으려고 밀치며 악을 쓰고... 너 나 할 것 없이 아귀들이 되어 발버둥을 치며 지옥체험을 하는 뜻깊은(?) 시간이었다.

하룻밤 냄새 나는 몸과 마음을 부대끼며 함께 지옥을 건너온 우리는, 저마다 영원한 아수라 지옥에 떨어지지 않으려면 어떻게 살아야 할지, 또 지금 내가 거머쥐고 있는 것들이 지옥에서는 얼마나 쓸모없는 것들인지, 조금이나마 깨달았기를 소망해본다면, 이 또한 욕심이고 어리석은 중생심이 아닐런지... (2006. 10. 3)

파라오와 신과 술탄을 만나다

수년 전 소설 람세스를 읽으며 언젠가는 꼭 한 번 가보리라 막연히 꿈꾸던 신비의 나라 이집트, 신화의 자취를 따라 밟아보고 싶었던 환상의 도시 그리스의 아테네, 그리고 로마에서 오스만제국까지 찬란한 문화유산을 엿볼 수 있다는 터키까지 정말 진수성찬으로 차려진 여행 일정에 나는 망설일 필요가 없었다.

연말에 입은 교통사고 후유증으로 장기여행이 힘들 것이라는 주변의 염려도, 목에서부터 등줄기루 허리로 전해오는 통증도 이번 여행에 대한 갈망을 붙잡아둘 수는 없었다.

1월 12일부터 21일까지 지중해 3국의 탐방 여행은 이렇게 약간의 무리수를 둔 채 강행되었고, 12일 인천공항에서 9박 10일 운명을 함께할 팀원들과 첫 만남을 가졌다. 군산과 전주에서 출발한 우리 팀 다섯 부부 그리고 공항에서 깜짝 반갑게 만난 군산의 두 분, 포천에서 오신 두 분과 부산에서 합류한 네 분 이렇게 인솔자 포함 열아홉 명이 한 팀을 이루게 되었다.

인천에서 이스탄불로, 이스탄불에서 카이로로 열네 시간을 날아가 현지 가이드의 안내를 받고, 호텔에서 서너 시간 눈을 붙인 후 본격적인 이집트탐방이 시작되었다.

전용버스를 타고 고대문명 7대 불가사의라는 피라밋과 스핑크스를 둘러보고 이집트 고대박물관을 관람하였다. 아쉽게도 대부분의 유물들이 대영박물관으로 옮겨가고, 거의 껍데기만 남아있다 하여 몹시 실망스러웠지만, 다행히 가장 최근에 발굴된 투탕카아문의 피라밋이 도굴되지 않은 채 발굴되어 온전한 유물 5천여 점이 그대로 전시되고 있었다.

겨우 열 살의 나이에 파라오가 되어 모후의 섭정을 받으며 나라를 이끌다, 장성하여 누이며 어머니까지 죽였다는 투탕카아문 왕은 이집트의 다른 파라오에 비해 그리 강력한 힘을 가지지는 못했었다 하는데, 그런 왕의 무덤에서 나온 유물이 이 정도라면 과연 최고의 힘을 자랑했던 파라오들의 생전 생활 모습은 얼마나 화려

했을까 조금은 짐작이 되었다.

4천여 년 전에 어떻게 이들은 이토록 과학적이고 찬란한 문화를 꽃피우며 살았을까 놀라웠다. 그들은 어쩌면 문명이 고도로 발달한 다른 별에서 온 외계인들이 아니었을까? 아름다운 이 지구별에 잠시 내려와 문명의 꽃을 피우다, 어느 날 자기 별로 다시 가버린 것은 아니었을까? 잠시 엉뚱한 상상을 해보았다.

다음날은 카이로에서 한 시간 정도 비행기로 날아가 우리나라의 경주라고 할 수 있는 룩소에 다다랐다. 수많은 왕들의 무덤이 군락을 이루고 있는 왕가의 계곡에서, 람세스 3세와 4세, 그리고 투투모스 3세의 무덤을 탐방한 뒤 이동하여, 카르낙 신전과 룩소의 신전에서 상상을 초월하는 거대한 석상과 기둥들, 아름다운 건축물에 넋을 잃고 말았다.

'틀림없어! 외계인이 살았던 거야–사람의 힘으로는 불가능해!' 속으로 중얼거리며 목에 통증이 오고 있음에도 치켜든 머리를 내릴 수가 없었다.

다음 날 카이로에서 그리스의 아테네로 날아갔다. 드디어 신들의 땅을 밟아보게 되었다. 신화가 숨 쉬는 도시답게 산과 들은 올리브나무와 오렌지 나무로 덮여있고, 잘 정돈되고 안정된 모습이 이집트의 시가지와는 전혀 달라 보였다.

이집트의 시가지를 지날 때는 폭격 맞아 폐허가 된 듯한 건축물들이 즐비했었다. 현지 가이드의 설명으로는 세금을 피하기 위해, 몇 년을 두고 벽돌을 조금씩 쌓아가고 있기 때문이라는데, 볼품없이 솟아 나온 철근이며, 허물어져 내린 듯한 벽돌 더미며 그런 지저분한 도시풍경을 이루고 사는 이집트인들이 잘 이해되지 않았었다.

아테네에서 인상적인 것은 가로수로 심어진 오렌지 나무에 황금빛 귤들이 주렁주렁 달려있었고, 겨울철 임에도 늦가을쯤의 선선함이 느껴지는 날씨였다.

또한 지진대에 위치해 있어서 5층 이상의 고층건물이 없고, 높은 산이나 골짜기도 보이지 않아서인지 왠지 편안해 보이는 곳이었다.

아크로폴리스로 이동하여 교과서에서나 보던 파르테논신전의 기둥을 만져보고, 신녀들이 걸었던 대리석 뜰을 밟아보았다. 아레오바고스 언덕과 에렉티온 신전 그리고 소크라테스 감옥도 둘러보고, 다음 날엔 커다란 배를 타고 에기나섬으로 가서 지중해의 푸른 물결을 바라보며 즐거운 한때를 보냈다.

특히 점심 식사 때 우리 일행 중 전주의 신 선생님 깜짝 생일파티는 이번 여행 중의 잊지 못할 또 하나의 추억이 되었다. 게다가 양 선생님 부부의 31주년 결혼기념일까지 겹쳐서 정말 뜻깊은 하루였는데, 전날 저녁 우리끼리 하는 얘기를 듣고 케이크까지 준비해준 서울인솔자 신은하님의 센스와 배려에 우리 모두 진심으로 감사했다.

에기나섬에서 아테네로 다시 건너와서, 초대올림픽경기장과 대통령 궁을 지나, 제우스 신전 터와 현재는 국회의사당으로 쓰이고 있는 옛 왕궁터까지 일괄하고 비행기로 다시 처음 도착지였던 터키의 이스탄불로 날아갔다.

여행 여섯째 날- 아침 일찍부터 서둘러 버스를 타고 카이세리로 이동했다. 이번 여행 중 이곳에 와서 처음으로 눈이 덮이고 얼음이 깔린 땅을 밟았다. 버섯 모양의 기암괴석들이 즐비한 카파도키아에 도착했을 때, 나는 동화 속으로 들어온 것 같은 착각을 했다. 버섯 모양의 바위들에 고만고만한 문들이 뚫려있어 고깔 쓴 작은 사람들이 금방이라도 고개를 내밀 것만 같았다. 오랜 세월 동안 비와 바람으로 쌓아지고 굳어지고 깎여나가, 마치 여름 장마 뒤에 솟아난 버섯 모양의 암석들이 올망졸망 창구멍을 단 채로 줄지어 서 있었는데, 예전에는 사람들이 그 속에 구멍을 파고 들어가 살았다 한다.

사암이기 때문에 쉽게 구멍을 팔 수 있어서 사람들이 살 수 있었다 한다. 지금은 사람들이 거의 살고 있지 않고, 우리나라 민속촌처럼 관광객을 위해 공개되고 있는 바위 구멍 집에 예쁘장한 찻집을 운영하고 있는 가족이 있어서 들어가 볼 수 있었다. 생각보다 내부가 훨씬 넓고 요모조모 쓸모 있게 만들어져있었다.

지하도시(데린구유 :깊은 우물이라는 뜻)를 둘러볼 때는 로마 병사들을 피해 땅속으로 숨어들었던 기독교인들의 절박함이 느껴져 가슴 한쪽이 아릿해 왔다.

일곱째 날 –카파도키아를 출발하여 눈꽃이 너무너무 아름답게 핀 평원을 달려 콘야를 지나 파묵칼레를 향해서 서쪽으로 서쪽으로 버스는 달려갔다. 수로도 없고 나무 하나 없는 황무지처럼 보이는 평원이 계속 이어지더니 콘야를 벗어나면서 흙도 조금씩 촉

축해 보이고 나무들도 군데군데 눈에 들어오기 시작했다.

왼쪽으로 아름다운 자태를 드러내는 설산과 오른쪽으로는 사탕무와 밀이 파릇파릇 자라고 있는 넓은 들판을 끼고, 지는 해를 마주하며 달렸다. 눈을 찌르는 햇살을 피해 창밖으로 고개를 돌리니 언덕처럼 부드러운 능선의 산들이 평평한 밭과 이어지고 있는데 지금은 잎을 다 떨군 체리나무들이 불그스름한 속살을 드러내고 도열 해 있었다.

여덟째 날 우리들의 여행은 끝을 향해 달려가고 터키에서의 파묵칼레와 에페스의 관광이 이어졌다.

지난밤 어둠이 내린 파묵칼레를 스쳐 숙소로 갈 때 하얀 성벽처럼 보이던 곳이 아침에 올라와 보니 석회석이 굳어서 만늘어낸 처음 보는 풍경이 펼쳐져 있었다. 언뜻 보면 빙벽처럼 보이기도 하는데, 아직도 온천물이 하얀 석회암 위를 흘러가고 군데군데 온천물이 고여서 천연의 온천탕을 만들고 있었다.

또한 로마인들 10만이 살았었다는 도시의 흔적이 아직도 뚜렷이 남아있었다. 공중목욕탕, 시장터와 광장, 제우스 신전 원형극장 등의 흔적이 남아있고, 넓은 평야를 발아래 두고 있어 퍽이나 풍요로운 삶을 살다 갔을 로마인들의 왁자한 웃음소리가 들리는 듯하였다.

약 한 시간쯤 에페스(EPES)를 향해 서쪽으로 달려가는데 양쪽으로 끝없이 펼쳐진 오렌지밭과 산과 들판을 메우는 올리브나무를 볼 수 있었다. 잎이 없어서 무슨 나무인지 몰랐는데 밑둥이 하얀 나무들은 무화과나무이고, 불그레한 나무는 체리나 복숭아나무라는 설명도 들었다. 창문을 닫았음에도 바람결에 언뜻언뜻 스며드는 향긋한 오렌지 향과, 풍성한 열매를 주렁주렁 달고 있어 여행자의 눈을 행복하게 하는 노란 오렌지 나무들이 이국의 정취를 더하고 있었다. 창밖엔 바람이 부는지 한쪽으로만 눕는 유록색의 잎새들이 그림처럼 아름답다.

올리브와 오렌지 그리고 무화과와 체리 사탕무가 파릇하게 자라는 밭 – 지중해성 기후의 온화함이 느껴지는 풍경이다. 스쳐가는 건물들은 5층을 넘지 않으며 특이하게도 집집마다 지붕에 태양열 집열판을 달고 있다. 화석연료를 쓰지 않고 자연에서 얻어지는 에너지를 활용하여 태초에 있어 온 그대로의 환경을 유지 보존하며 자연을 훼손하지 않는 이 나라 사람들의 삶의 모습이 아름답게 느껴졌다.

30만 로마인들의 도시였던 에페소를 돌아보며 아름다운 건축물과 편리한 시설, 입이 쩍 벌어지는 규모와 호사스러운 흔적에 놀라고 또 놀랬다. 소리를 모아 증폭시키도록 만들어진 원형극장과, 민심을 한곳으로 모으는 신전과, 만남과 교환의 장소 시장터 그리고 수로를 통해 멀리 떨어진 도시 밖에서 물을 끌어들여 시민들이 생활에 불편을 느끼지 않도록 해주었던 그 시대의 황제들이야말로, 자연과 인간을 지혜롭게 다스릴 줄 아는 훌륭한 통치자였음을 엿볼 수 있었다. 에페스를 떠나 사도요한 교회로 이동하여 여덟째 날의 일정을 마쳤다.

여행의 마지막 날 우리는 이스탄불에서 아름다운 톱카프 궁전과 성소피아 성당 그리고 지하저수지 등을 관광하고 점심 식사 후에는 유럽과 아시아를 나누는 보스포러스해협 쿠르즈로 또 한 장의 아름다운 추억을 가슴에 곱게 접어두었다.

여행의 끝- 모두가 아쉬워하며 우리 다시 어딘가의 여행길에서 또 만나자고 손과 손을 잡고 아쉬운 인사들을 나누었다. 열 시간이 넘는 비행기탑승시간이 현실적인 걱정거리로 다가왔지만 따뜻하고 편안한 내 집으로 돌아간다는 기쁨도 있었다.(2008. 1. 23)

우리 땅 백두산

7월 31일 새벽 3시 반에 집에서 출발하여 8월 4일 저녁 10시쯤 집에 도착했으니 긴 여행은 아니지만, 꽉 찬 4박 5일 여행이었다. 언젠가 통일이 되면 육로를 통해 백두산을 가고 싶었는데 남편 쪽 모임에서 서두르는 바람에 별로 내키지 않는 여행길에 동참하게 되었다. 어쨌든 기왕에 나섰으니 집안일이며 복잡한 일상을 접어두고 즐겁게 다녀오자 다짐했다.

신종 인플루엔자 때문에도 찜찜했지만 사혈도구와 9회 죽염 등 상비약을 챙겨 넣고 나름 건강이 상하지 않도록 긴장을 놓지 않았다.

중국 길림성의 장춘국제공항에 현지시각 10시 55분(우리나라보다

한 시간 늦음)에 도착해서 전용버스로 옮겨 타고 시내 관광을 마친 후 연길시(길림성에서 세 번째로 큰 도시)로 이동하는데 약 5시간이 소요되었다.

길림성은 우리나라보다 위도가 좀 위쪽에 위치해서인지 기후가 그리 덥지 않았고 조선족과 한족이 주로 살고 있는데 길림성 전체의 40퍼센트가 조선족이고 연길시에만 연길시민의 60퍼센트가 조선족이라 했다. 그래서인지 건물이나 스쳐 지나가는 풍경이 우리나라의 작은 도시나 농촌풍경과 많이 닮아있었다.

둘째 날 백두산 천지관광을 위해 약 4시간 정도 이동했다. 해발 2600미터 까지는 버스로 가고, 그 이상은 5~6명씩 탈 수 있는 짚차를 이용해 정상까지 가야만 했다. 짚차를 타기 위해 줄을 서는데 너무 많은 사람이 밀려있어서 한 시간 이상 기다려야 했다.

올라올 때부터 변화무쌍한 날씨 때문에 맘을 졸였었는데 아니나 다를까 소나기가 쏟아져서 비옷을 입고 콩나물시루처럼 사람들 틈에 박혀 서 있는데 아수라장이 따로 없었다.

신발은 물론 바지도 무릎까지 젖고 한기까지 들어서 감기라도 들지 않을까 은근히 걱정되기도 했다.

관광객의 대다수가 중국인과 한국인인 것 같았는데 근래에 중국정부에서 백두산을 자기네 산이라고 우기면서 자국 국민들에게 백두산(중국에선 장백산이라고 함)관광을 부추기고 있어서 중국인 관광객이 엄청나게 많다고 한다.

소나기가 억수로 쏟아져서 정상에 올라간다 해도 천지를 볼 수 없을지도 모른다는 생각에 속이 탔지만 그래도 힘들게 예까지 왔는데 발길을 돌릴 수는 없었다. 중국인 관광객들은 그냥 돌아가는 사람들도 많았다.

천지를 볼 수 없을지라도 정상까지 가보자고 하며 발목까지 차올라 흘러넘치는 빗줄기 속에서 차례를 기다리며 서 있었다. 드디어 짚차에 분승하여 정상을 향해 올라가는데 가는 도중에도 비는 그쳤다 갰다를 반복하더니 다행히 정상 가까이 가면서 비가 그치기 시작했다.

드디어 짚차에서 내려 천지가 보이는 꼭대기로 걸어 올라가는데 가슴이 뻐근하고 숨쉬기가 조금 힘이 들면서 약간 어지럽고 다리가 휘청거리는 느낌이 들었다. 해발 2900미터 이상이니 산소가 부족해서 그런 모양이었다. 남편도 약간 어지럽다고 했다.

호흡을 가다듬으며 천천히 정상에 올라 아래를 내려다본 순간

비록 날씨가 흐려서 사진에서처럼 푸른 하늘 흰 구름이 담긴 천지의 모습은 아니었지만, 안개를 활짝 들어 올려 얼굴을 내밀어준 천지의 모습에 가슴이 벅차올랐다.

이곳이 바로 우리 민족의 靈山 백두산이요 말로만 듣던 天池란 말인가? 서둘러 사진 몇 장을 찍고 내려오는 차를 타기 위해 줄을 서는데 다시 빗방울이 떨어지고 안개가 산자락을 휘감기 시작한다. 불과 20 여분 얼굴을 내밀어주던 천지는 다시 안개 뒤로 모습을 감춰버렸다. 이곳 가이드의 말에 의하면 열 번 이곳에 와도 한 번 정도밖에 천지를 볼 수 없다 하니 그나마 우리는 행운이라 했다.

셋째 날 우리 민족이 간도지방에 처음 자리를 잡은 들판을 가로지르는 해란강과, 독립 운동가들이 모여 항일의 의지를 불태웠던 일송정을 차창으로 일괄하고, 대성중학교에 들러 민족시인 윤동주와 수많은 독립 운동가들과 애국지사들의 숨결을 더듬어보았다. 수박 겉핥기로 지나가는 것이 안타깝지만, 교과서에서 만났던 그분들의 흔적에 바람처럼이라도 스쳐 갈 수 있음이 가슴 벅찼다.

저녁에는 북한식당에 들러 깔끔하고 맛깔스러운 음식으로 포식을 하고, 다시 약 1시간 반 정도 차로 이동해서 훈춘에서 숙소에 들었다.

넷째 날 방천으로 이동해서 북한 중국 러시아 3개국이 접해있는 전망대에 올라 철제울타리와 두만강으로 경계를 이루고 있는 삼국을 내려다보았다. 두만강의 끝부분이 동해로 흘러 들어가는 쪽 벽면에, 동해를 일본해로 표기해놓은 표지판 앞에서 울화가 치밀어 올라 몇 마디 불만을 털어놓았으나 어쩔 수 없는 일이라 했다. 중국인들은 동해를 일본해라고 부른다 하니 정말 기분 나쁜 족속들이 아닐 수 없다.

전망대를 내려와 초라하기 그지없는 안중근의사의 생가를 둘러보고 중국에서 북한으로 건너가는 다리의 중간지점까지 걸어가서 아주 가까운 거리에서 북한 땅(라진지역)을 바라보았다. '지척이 천 리'라고 단숨에 달려갈 우리의 땅을 이렇게 남의 나라 땅을 빌려 바라봐야만 한다는 것이 너무 속상하고 안타까웠다.

다시 다섯 시간여를 차를 타고 길림시(길림성에서 두 번째로 큰 도시)로 이동하여 호텔에 들었다. 지금까지 묵은 호텔 중에서 가장 크고 화려했다. 여행사에서 첫날과 마지막 날에 신경을 많이 쓴 것 같았다 .

4박 5일 여행 중 음식이나 차편이나 대체로 만족스러운 편이었다. 그리고 모두가 건강하게 각자의 일상 속으로 돌아올 수 있었으니 이보다 더 다행인 것은 없을 것이다. (2009. 8. 6)

가을 나들이

11월의 첫날 – 지난밤에 내린 제법 많은 양의 비 때문에 모처럼 받아놓은 가을 나들잇길이 무산되지 않을까 염려했으나 아침부터 잦아진 빗속으로 가을 길을 나섰다.

심드렁한 남편을 살살 꼬여서 길을 나서긴 했는데 행여라도 기분을 망치지 않으려고 말 한마디도 조심스레 내려놓으며 예쁜 풀꽃님(황경순 시인)을 찾아가는 길 정말 가을이 깊어가고 있음이 비로소 보였나.

황금빛으로 물결치던 들판은 모두 비어버린 채, 공룡의 알 같은 짚더미들이 하얀 비닐을 쓰고 뒹굴고 있었고 어느새 부지런한 손길이 부린 마술로 보리 싹이 파랗게 덮인 논들도 보였다.

전주를 지나 진안 쪽으로 길을 잡고 가다가 손 두부로 유명한 화심에서 동상면 대아리 가는 길로 들어섰다. 예전에 이쪽으로 몇 번 지나가면서 참 경치가 좋다고 생각했던 것처럼 역시나 주변 산들의 모습이 우리 동네보다 한결 높고 단풍 또한 곱다.

화심에서 3~4분이면 다다른다 했으니 그리 멀지 않은 곳일 테고, 가면서 전화로 대충 설명을 들어서 집을 찾는데 별로 어려움 없이 풀꽃님 집에 도착했다.

와! 저절로 탄성이 나올 만큼 정말 아름다운 곳- 풍수를 잘 모르지만 포란지형이 바로 이런 곳이 아닐까 하는 생각이 들었다.

높은 산줄기가 뒤를 감싸내려 좌우로 좌청룡 우백호를 거느리고, 멀리 앞쪽으로는 여러 개의 작은 산줄기가 포갬 포갬 안으로 모아지다가 더 멀리 시선을 끌어모아서 만덕산 봉우리로 맺고, 오른편으로 두 개의 능선이 남녀의 누운 얼굴 모양을 빚어내고 있었다.

햇볕이 환히 쏟아지는 반 이층집인 이곳은 버스가 머무는 곳에서 한참을 느린 경사로 올라가는 곳이어서 거실 대형 창으로 내다보이는 아랫마을이 지붕만 살짝살짝 보였다(집주인의 설명에 따르면 지금은 낙엽이 좀 져서 지붕이 보이지만, 녹음이 우거질 때는 지붕조차 보이지 않아 그야말로 녹색의 물결이라고.)

거실은 물론 두 개의 방에서도 침대에 앉은 채 아름다운 풍광을 그대로 즐길 수 있는 정말 정말 아름다운 집이었다.

이렇게 멋진 곳에 초대해 준 것만도 고마운데 무슨 대단한 손님이라고 우리를 위해 상다리가 휘어지게 맛있는 식사를 준비하는 풀꽃님의 따뜻하고 부지런한 손길에 그저 고맙고 고마울 뿐이었다.

함께 자리해 주신 김**교수님과 *정아님 그리고 우리 부부와 풀꽃님 부부(예쁜 딸도 있었지만, 식사 준비를 거들고는 약속이 있다며 자리를 피해줌)는 맛있는 음식으로 배를 불리고 이런저런 이야기로 정담을 나누며 마치 오랜 벗처럼 시간 가는 줄을 몰랐다.

사방 어느 곳을 둘러봐도 그야말로 한 폭의 그림 같은 이곳, 버스정류장 근처에만 옹기종기 원주민(원래 살던 사람들)들의 집이 모여 있고, 텃밭과 낮은 담장을 끼고 얼마쯤 올라오면 새로 지은 지 얼마 되어 보이지 않는 양옥집들이 예닐곱 채 띄엄띄엄 자리하고 있어 천연적인 자연환경도 좋지만 비슷비슷한 수준의 이웃들이 함께라서 더욱 좋아 보였다.

풀꽃님의 남편 또한 넉넉한 성품으로 남을 배려하고 열린 마음으로 이웃과 더불어 살아가려는 지혜로운 분 같았다. 특히나 아내를 아끼고 존중하는 따뜻한 분 같았다.

자꾸만 권하는 풀꽃님 때문에 어깨로 숨을 쉴 만큼 맛있게 먹고 마시고 정담을 나누다 교수님 일행이 먼저 일어서고, 바로 우리 부부도 아쉬운 마음을 뒤로하고 대아리 쪽으로 길을 나섰다.

산에서 도토리를 주워다 집에서 묵을 만들었다고 하더니 길 떠나는 사람들에게 도토리묵 한 덩이씩을 싸주고 집에서 수확한 콩이며 고구마까지 듬뿍 안겨준다. 보시행을 실천하는 풀꽃님의 불자다움에 마음이 더욱 따뜻하다.

동짓달 초하루- 아름다운 경치에 취하고 훈훈한 인정에 취하고 정말 행복한 가을 나들이였다. (2009. 11. 1)

짧은 출가

10월 22일 토요일 - 1박 2일의 짧은 출가를 위한 나의 아침은 여느 날과 다름없이 바쁘게 시작되었다. 아침 여섯 시 자리를 털고 일어나 밥솥의 취사 버튼을 눌러놓고 밖으로 나왔다.

앞마당 잔디 위에 점점이 흩어져 내려앉은 낙엽을 대충 치우고 밤 동안 우리 집 밀썽쟁이 '수리'와 '아리'가 여기저기 벌려놓은 개똥도 치우고 뒷밭으로 돌아갔다.

닭장을 들여다보고 모이를 주는데 또 울타리 밑으로 강아지 녀석들이 구멍을 두어 군데 새로 내놓았다. 날마다 새로운 말썽을 부려놓는 수리, 아리 두 녀석 때문에 아침부터 돌을 날라다 구멍을 막는 작은 공사를 해야 했다.

텃밭에 쑥쑥 자라는 무도 둘러보고, 배추를 사정없이 먹어치우는 달팽이도 한 스무 마리쯤 잡아주고, 메뚜긴지 여치인지도 서너 마리 포획하여 닭장에 먹이로 던져주었다. 비록 짧기는 해도 출가를 앞두고 살생을 하는 일이 마음에 걸렸지만 어쩌랴– 그냥 놔두었다간 김장배추를 다 먹어 치울 텐데...

서둘러 앞뜰로 돌아와 큰 개들 밥을 챙겨주고 말썽꾸러기 두 녀석 밥도 챙겨주고 마당까지 올라와 밥을 재촉하는 이쁜 오리들 밥까지 챙겨줬다.

집 뒤 텃밭에 뾰족이 고개 내민 시금치 상추 쑥갓 마늘의 어린 싹이랑, 앞마당 모퉁이에 뿌려놓은 봄동 배추랑 유채 싹들이 어찌나 예쁜지 한 번씩 들여다보고 웃어주고 쓰다듬어주고 그러다 보니 정작 사람들 아침밥상은 늦어졌다.

하룻밤 이틀 낮이지만 집을 비우려니 괜시리 남편과 딸에게 미안하여 어제 사다 손질해놓은 연근도 졸이고, 무 오이 부추를 섞어 김치도 새로 버무려놓았다.

두 시까지 금산사 종무소 앞에 모이라 했으니 부랴부랴 샤워하고 점심도 못 먹은 채 길을 나선 시간이 12시 20분경- 무르익은 가을의 경관을 여유롭게 즐기지도 못한 채 내달려서 다행히 시간 안에 도착했다.

미리 와 기다리는 사람들도 있었고 늦게 오는 사람들도 많았다. 3시부터 시작되는 템플스테이 프로그램이라는데 늦는 사람들을 감안해서 두 시까지 모이라 한 것 같았다.

사찰 측 실무담당자의 안내를 받아 우선 갈아입을 옷을 받아들고 不二門이라는 문패가 붙은 작은 쪽문을 통해 깊숙한 곳에 자리한 西來선방으로 들어갔다. 원래는 스님들이 공부하시는 곳이었는데 지금은 사찰 체험공간으로 쓰이고 있었다.

방사를 배정받고 방에 들어가 옷을 갈아입은 다음 이름표까지 받아 가슴에 달고 나니 이제 제법 절 식구가 된 것 같았다.

큰 방에 모여 사찰 내에서의 여러 가지 기본적인 예법을 배우고 공양간으로 내려가 이른 저녁을 먹었다. 공양간 역시 묵언패가 걸려있고 스님도 재가불자도 모두 자율배식이며 먹고 난 식기는 각자가 씻어둔다. 걸음걸이 하나 손짓 하나도 조심스럽다.

저녁예불을 알리는 타종시간에 우리는 종루 앞에 모여 법고를 치는 스님의 모습에 넋을 잃었다. 다른 스님의 지도아래, 두 명씩 짝을 지어 타종을 체험하는 시간도 가졌다. 장엄한 울림과 긴 여운으로 퍼지는 종소리는 말할 수 없는 신비감에 휩싸이게 했다. 목어와 운판을 두드리는 소리를 뒤로하고, 조심조심 발걸음을 옮겨 저녁예불에 참여하기 위해 대적광전 대법당으로 향했다.

우리는 저녁예불의 앞부분만 약식으로 함께하고 선방으로 조용히 물러나와서, 지도스님의 지도아래 백팔 배를 하게 되었다. 각자의 마음속에 원을 세우며 스님의 죽비소리에 맞춰 한 호흡 한 호흡 경건한 마음으로 절을 하였다.

무릎관절이 부실해서 백팔 배를 다 하지 못할까 봐 조금 걱정이 되었지만 과히 힘들지 않게 마칠 수가 있었다. 보이지 않는 기운들에 힘입은 것일지니 이 또한 감사한 일이다. 잠시 참선의 시간을 갖고 각자의 방으로 물러나 씻고 잠자리에 들었다.

선방으로 들어오는 입구의 계곡물 소리가 마치 여름날 소나기 소리 같았다. 유난히도 맑고 푸르게 빛나는 별들의 눈인사를 받으며 조금은 고단했던, 그러나 특별했던 하루를 접었다.

쉬이 잠을 못 이룬 채 뒤척이느라 잠을 잔 둥 만 둥 새벽 세 시 도량석을 도시는 스님의 목탁 소리에 자리를 털고 일어나 간단히 세수를 하고 법당으로 올라갔다.

다섯 부처님, 여섯 보살님을 한 전각에 모신 장엄한 대법당에서 이 보잘것없는 중생이 높으신 스님네와 앞선 도반들을 따라 머리를 조아려 예불에 참여할 수 있음이 너무도 감사하고 감사했다.

아침 예불 후 다시 선방으로 건너와 잠시 쉬다가 청소를 시작했다. 대비를 들고 밤새 떨어진 낙엽들을 쓸어 모으는 일이었다. 이른 아침에 말 없는 가운데 사락사락 비질하는 소리도 신선했고, 새날을 여는 산새들의 날갯짓 소리, 산과 숲이 뿜어내는 달콤한 공기가 너무나도 신선했다. 사락사락 비질 소리에 맞춰 내 마음의 티끌도 쓸려 내려가는 듯했다.

나는 전생에 무슨 복을 지어서 이렇게 아름다운 시간을 선물 받고 있는지 참으로 감사했다. 이렇게 좋은 날들을 '좋구나, 좋아라' 누리기만 하고 복 지을 줄 몰라 하다 시간을 놓칠까 봐 두렵기조차 했다. 작은 일이라도 복 지을 거리를 놓치지 말아야지 혼자서 다짐을 두었다.

다섯 시- 아침 공양을 하러 내려갔다. 집에서 같으면 너무 일러 밥도 넘어가지 않으련만 적량의 밥과 반찬을 담아 들고 맛있게 먹었다.

아침 식사 후 가벼운 산책 그리곤 다시 돌아와 백 팔 염주 만들기 체험이 있었다.

선방에서 염주 만들 재료를 받고 설명을 들은 다음 각자 흩어져 마음에 드는 전각에 들어가 일 배하고 한 알 꿰고, 일 배하고 한 알 꿰고... 일 백여덟 알의 염주를 모두 꿰어 선방으로 돌아오라 하였다.

나는 적멸보궁을 마음에 두고 부지런히 대적광전 뒤를 돌아 계단을 올라갔다. 세 분의 도반이 함께 올라갔다. 어젯밤 백팔 배를 한 탓에 무릎이 조금 아팠지만 그래도 이겨내리라 마음을 다져먹고 백팔 배를 시작했다.

일 배하고 한 알 꿰고, 일 배하고 한 알 꿰고... 무릎이 아프고 점점 속도가 느려졌지만, 지극한 마음으로 원을 세우며 일 백여덟 알의 구슬을 모두 꿰었다.

내가 만든 이 염주는 올해 뜻하지 않은 수술을 하고 아직도 치료가 남아있는 남편에게 드릴 내 정성이다. 그럴 리야 없겠지만 남편이 사양하면 우리 아들에게 주면 되고. 녀석은 틀림없이 기쁘게 두 팔 벌려 받을 테지. 다음번엔 어머님을 모시고 들어와야겠다. 그땐 아들과 딸을 위해서도 내 손으로 염주를 만들어야겠다.

하룻밤 이틀 낮 – 참으로 짧은 출가였지만 더없이 소중하고 행복한 시간이었다. 나를 이곳으로 인도하고 이곳에 머물게 하신 이, 이만큼의 건강과 맑은 정신을 주신 분, 나의 짧은 출가를 이해해준 가족에게 진심으로 감사와 사랑을 전한다. (2010. 10. 23)

사찰순례(운주사. 석남사)

29일에 전북 불교문학회에서 문학기행을 다녀왔다. 전남에 있는 운주사 불회사 쌍봉사를 익산의 이**선생님의 해박한 설명을 들으며 하룻길 짱짱하게 돌아왔다.

글이 써질까 모르겠는데 하여튼 숙제를 안고 왔다. 일 만 근심을 내려놓고 가볍게 와야 하는데 또 무거운 과제를 하나 더 안고 내려왔다.

발에 차이는 게 일거리인데 정말 단 하나의 단어도 내 것으로 만들지 못하고, 나는 무엇을 하는 사람인지 모르겠다는 생각이 든다.

그리고 28일에는 금강경독송회에서 경북에 있는 통도사와 석남사 정토원 등을 다녀왔다. 몇 년에 걸쳐 5대 적멸보궁을 순례해 왔는데 이번 통도사가 적멸보궁 마지막 순례지였다.

통도사 역시 부처님상이 모셔져 있지 않고 진신사리만 모신 사리탑을 향해 대형 유리창이 뚫려있는 법당에서 스님은 끊임없이 불경을 외우시고 불자들은 쉼 없이 기도 정진을 하고 있었다.

우리는 법당 뒤편으로 돌아가 사리탑을 향해 자리를 깔고 금강경 2독을 올렸다. 그리고 사리탑을 한 바퀴 돌았다. 몸은 홀로 왔으되 남편의 정신을 함께 데리고 온 것이며 함께 기도하고 법공양 올리노라고 기도했다.

내 마음이 어지럽고 스산한 탓인지 예전의 사찰순례처럼 깊은 감흥이나 울림을 느낄 수 없음이 많이 아쉬웠다.

석남사– 비구니스님들의 수행처답게 너무 맑고 고요하고 가지런해 보였다. 이번에 둘러본 일곱 개의 사찰 중에 개인적으로 이곳이 가장 맘에 들었다. 물소리를 들으며 한참을 올라가는 수려한 계곡과, 외부인 출입을 금하는 금줄을 치고 수행 정진하는 경내의 고즈넉함에 왠지 모르게 마음이 쉬어짐을 느꼈다. 내 마음도 짐을 부리고 잠시 쉬어가고 싶었는지 모르겠다.

집 안팎으로 여러 가지가 한꺼번에 뒤엉켜 돌아가는 가운데 심신이 많이 지쳐있지만, 그래도 아프지 않고 견뎌내는 나 자신이 대견스럽다. 할 일이 너무 많아서 아플 시간이 없나 보다. 아무 때나 어디에나 머리를 기대면 잠이 든다. 힘이 많이 부치긴 하나 보다. (2011. 5. 30)

잊지 못할 융프라우

13박 15일의 서유럽 5개국 여행을 마치고 무사히 돌아왔다.

날씨도 크게 나쁘지 않았고 일정도 너무 빡빡하지 않아서 좋았고(옛날 동유럽 여행 땐 새벽에 도시락 싸 들고 호텔을 나서기도 했고, 한밤중에 호텔에 도착하기도 했었다.) 모든 것이 평균 7~80점은 된다고 생각되었다.

여유만 된다면 친한 친구들 네댓 명 혹은 가족과 오붓이 너무 많은 나라를 돌지 않고, 한두 나라를 집중적으로 여행하면 정말 좋을 것 같다.

영국, 프랑스, 독일, 스위스, 이태리를 다녀왔는데 그 중 프랑스 파리의 루불박물관, 베르사이유 궁전은 너무 좋았다. 베르사이유 궁전은 지금까지 동유럽 서유럽을 총망라해서 어떤 성이나 궁전, 성당보다도 화려하고 아름다웠다.

끝없이 펼쳐지는 스위스의 목가적 전원풍경과 만년설에 덮인 융프라우를 협궤열차(후니쿨리 후니쿨라)를 타고 오르며 보던 설경도 잊을 수 없다. 특히 스위스의 융프라우에서는 죽는 날까지 잊지 못할 소중한 추억하나 만들고 왔다.

마침 융프라우에 오르는 날이 내 생일이어서 우리 윤경이가 한국에서 미리 케익 대신 쵸코파이를 넉넉하게 준비해 가져갔었다.

융프라우 정상에서 준비한 과자를 나눠주고 일행들의 축하 노래를 받았는데, 협궤열차를 타고 내려와서 식당에 도착하니, 현지 가이드의 남편(스위스 남자)이 일요일이라 근처에서 케익을 못 구하고, 차를 타고 멀리 나가 팬케익 두 판을 사다 놓고 갔다.

식당에서 촛불을 켜고 또 한 번 생일축하 노래를 불렀다. 누가 이런 행운을 누리겠는가? 아름다운 스위스에서 그것도 융프라우에서... 기분이 날아갈 것 같았다.

아! 그리고, 이태리의 로마는 볼거리 먹을거리가 너무 많았다.

베네치아, 피사, 쏘렌토, 시에나의 산타마리아 성당, 산타루치아항구 폼페이 유적지, 세계최초의 슬로우 푸드도시인 절벽 위의 도시 오르비에또, 영화 로마의 휴일에 나왔던 트레비분수, 스페인계단, 진실의 입, 즐비하게 늘어선 노천카페 물론 이곳저곳 걸어다니며 아이스크림도 사먹고, 에스프레소 커피도 마시고, 화덕에 갓 구워낸 피자도 맛보고... 눈도 입도 정말 즐거웠다.

이태리에서 6박을 했는데, 마지막 날 세계 3대 미항인 나폴리로 가서 카프리섬으로 건너갔다. 와! 탄성이 쏟아질 만큼 정말 아름다웠다. 쏟아지는 햇살, 눈부신 지중해의 푸른 물결, 꽃과 나무로 어우러진 신록, 산 정상으로 느리게 올라가는 리프트를 탈 때 너무 황홀하여 숨이 막힐 것 같았다.

그에 비해 영국의 버킹검 궁과 대영박물관은 조금 실망스러웠다.

독일의 프랑크푸르트는 산업도시라서 그런지 왠지 무겁고 우중충해 보였고, 하이델베르크는 경치가 아름다웠다. 하이델베르크로 가는 중에 호수를 내려다보는 산 중턱에 동화의 성이라 불리는 '백조의 성'도 인상적이었다.

사진 찍히기를 별로 좋아하지 않는 모녀라서 사진은 그리 많이 찍지 않고, 눈과 가슴에만 많이 담아오려고 했다.

부부 단위로 함께한 이번 그룹 여행에서, 유일하게 우리 모녀가 끼어서 사모님들의 부러움을 많이 받았다. 남편과 함께 가면 좋은 점도 있지만 귀찮은 점도 많다는 걸 남자들은 알까?

암튼 항상 가볍게, 생기 있게 즐기며 잘 다녀왔다.

돌아오는 비행기에서 몇 줄 적어둔 글을, 전주로 돌아오는 버스에서 여행을 마치는 인사말 대신 낭독했더니 큰 박수를 받았다. 다듬어지지 않은 여행 감상기 몇 줄의 시답잖은 시로 올려본다.

*여행자의 노래

알프스의 흰 머리칼을 쓸어 올리는
날 선 바람의 경쾌한 휘파람 소리
산비탈 소 떼들의 방울소리를 깨워내고
감미롭게 살랑이는 이슬비에
일제히 일어서 손을 흔들던 푸른 초원
점점이 번지는 새빨간 양귀비꽃은

젊은 심장에서 길어올린 선홍의 핏빛이더라

융푸라후 만년의 얼음계곡에서
잠자던 꿈들을 불러 모으고
지중해 반짝이는 푸른 물로
세속에 찌든 귀를 씻는다

신들의 발자취를 밟아
역사의 한 모퉁이를 돌아 나올 때
거친 말 발굽 소리, 승리의 나팔소리
환청처럼 들렸다

찬란한 역사의 방에 발길을 멈추고
죽은 자들의 영화를 더듬어보다
나 여기 뛰는 가슴으로 살아있음에
그림 속 여왕도
아리따운 아프로디테도 부럽지 않았다

오늘 거꾸로 가는 시간의 전차를 타고
정지된 시간 속으로 들어와
녹슨 마법의 빗장을 열어젖히니
다시 힘차게 요동치는 심장

개선의 깃발 되어 나부낀다

알프스의 순결한 이마에서
지중해의 빛나는 발끝까지
차마 떨쳐낼 수 없는
사랑에 빠져버린 여행자는
한 잔의 붉은 포도주에도
넘치도록 취하여 비틀거린다

나의 사랑 알프스여, 로마여, 카프리여!
아름다운 나의 자유여!
(2012. 4. 24)

별로 놀랍지도 그다지 신기하지도

처음 얼마간은 그랬었다. 워낙 좁은 영역 안에서 개미 쳇바퀴 돌듯이 별로 굴곡도 없고 변화도 없는 삶을 살아온 탓인지 조금만 틀에서 벗어나면 모든 게 놀랍고 신기해서 가슴이 벌렁거리고 심지어는 눈물을 글썽이곤 했었다.

사소한 것 하나 놓치지 않으려고 열심히 가이드를 쫓아서 선두 그룹을 놓치지 않으려고 애를 썼다. 메모장은 손에서 놓지 않고 열심히 기록하고 하루의 일정이 끝나면 호텔 방에서 다시 꼼꼼하게 정리해놓은 다음 잠자리에 들곤 했었다.

여행 일정이 잡히면 이것저것 챙기고 점검하느라 잠을 설치기도 하고 떠나기 전부터 얼마나 가슴을 설렜는지 모른다.

별로 많다고는 볼 수 없지만 그렇다고 적은 횟수도 아닌 나의 해외 나들이에는 늘 기행문이 따랐고, 함께 했던 일행들은 남편이 찍은 사진과 곁들인 나의 기행문을 받아보기를 기대하곤 했었다. 그런데 게으름이 시작된 것인지 아니면 감정이 메말라가는 탓인지 어느 순간부터 메모하기가 귀찮아졌다. 당연히 기행문도 나오지 않았다. 그저 열심히 가이드를 쫓아다니며 설명을 듣기는 했지만 사진 찍는 일마저 귀찮아졌다.

지난여름 중국으로의 첫 여행을 준비할 땐 그래도 조금 기대를 하긴 했었다. 우리나라의 경주처럼 많은 문화유산이 보존되고 있다는 소주 항주 상해를 둘러보고 아마도 문화적 충격을 받지 않을까 기대를 했었는데 너무 기대를 했던 탓일까? 아니면 같은 동양권이서 그랬을까? 여행을 하면서 별로 놀랍지도 그다지 신기하지도 않았었다.

4박 5일의 여행을 마치고 바로 이어서 아들이 머물고 있는 연태로 가서 5일을 더 있다 왔지만, 나의 중국 기행문은 나오지 않았다.

중국이라는 나라! 극히 일부만 보았지만, 전체적인 느낌은 정말

땅이 넓은 나라, 인구가 많은 나라, 엄청난 잠재력을 가진 나라, 빈부의 차가 극심한 나라, 많이 지저분한 나라… 이렇게 말하면 거대한 코끼리의 어느 한 부분만을 만져보고 코끼리를 논하는 꼴이 될지 모르지만, 아무튼 내 감성을 자극할 만큼 놀랍지도 신비하지도 않은 것은 사실이다.

그리고 다시 중국으로의 두 번째 여행을 겨울에 다녀왔다. 이번에는 상해를 거쳐 풍광이 아름답다는 장가계, 원가계 그리고 진시황과 양귀비의 유적이 있다는 서안이 여행코스였다.

해외여행은 항상 남편과 둘이서 다녔었는데 이번엔 우리 딸 윤경이를 데리고 나갔다. 취업준비를 하고 있기 때문에 어쩜 이번 동행이 시집가기 전의 마지막 여행이 되지 않을까 싶어서 함께 데리고 나갔다. 추위에 대비하면서도 짐은 최대한 줄여서 준비하고 혹시나 해서 미끄럼방지용 아이젠까지 준비했다.

상해에서 임시정부청사에 들렀을 때는 비가 내렸다. 남편과 나는 여름에 다녀간 곳이어서 다른 일행들과 윤경이만 내려서 다녀오라 하고 남편과 나는 버스에 남아서 잠시 휴식을 취했다. 우산과 비옷을 준비해갔지만 준비하지 못한 사람들도 많아서 현지에서 우산을 단체로 사서 나눠주고 윤봉길의사를 기념하는 홍구공원을 둘러보기도 했다.

여름에 왔을 때는 신시가지도 걸어보고 상해에서 유명하다는 동방명주탑에도 갔었는데 이번엔 비도 내리고 다음 장소로 이동하기 위한 시간이 별로 없어서 버스로 지나가면서 가이드의 설명만 들었다.

장가계 원가계를 관광하는 날은 날씨는 비교적 괜찮았지만 무척 추웠다. 이곳에는 한족을 제외한 소수민족 중 가장 많은 숫자라는 토가족들이 많이 살고 있다 했다. 가는 곳마다 어찌나 필사적으로 조잡한 물건이나 고구마 귤 같은 것을 손에 들고 사달라며 쫓아다니는지 그들을 헤치고 다니느라 애를 먹었다.

애초에는 장가계를 먼저보고 원가계를 관광할 예정이었는데 길이 미끄러워서 원가계로 올라가서 장가계로 내려오는 일정으로 바뀌었다.

말로만 듣던 아름다운 풍광이 그림처럼 펼쳐져 있었다. 캐나다의 록키산맥이 남성적이라면 원가계의 모습은 성숙한 아름다움이 물씬 풍기는 살아있는 미인도라고 할까? 어느 곳에 눈을 두어도 기암괴석의 빼어난 아름다움에 감탄사를 연발해야만 했다.

또한, 해발 1700m(정확하지는 않다)의 산 위에 펼쳐진 설경은 신선의 세계가 이렇지 않을까 싶기도 했다.

설경! 하면 의례 상록수 아니면 잎이 진 나무들에 눈꽃이 핀 것을 떠올리겠지만 이곳은 연중 습도가 높아서 단풍이 들지 않는다고 했다. 단풍이 들지 않으니 잎이 질 리 없고 겨울에도 꽃만 없을 뿐 사철나무처럼 녹색의 잎을 그대로 달고 있었는데 그것들이 투명한 얼음코팅을 한 채로 아름다운 모습으로 관광객을 홀리고 있었다.

이곳에서는 준비해간 아이젠 덕을 톡톡히 보았다. 다른 사람들은 그곳에서 파는 짚신을 사서 신어야만 빙판길을 걸을 수 있었나. 얼마나 길이 미끄럽던지... 아이젠을 신고 소리도 요란하게(보무도 당당하게?) 걷는 사람은 오고 가며 마주치는 다른 팀 관광객 중에서도 찾아볼 수가 없었다.

황룡동이라는 동굴도 구경했는데 그 규모가 대단히 컸다. 수많은 석순과 종유석이 기기묘묘한 풍경을 만들고 있었다. 동굴 속 호수를 배를 타고 들어갔고 동굴이 4층이나 돼서 엄청 많은 수의 계단을 오르고 내려야 하기 때문에 다리 힘이 부실한 노인네들은 어렵겠다 싶었다. 하긴 장가계 원가계 관광길에서는 나이 드신 분들을 만나지 못했다. 겨울철이어서 그랬는지도 모르겠지만....

그런데 이상한 것은 동굴이야 그렇다 치고 그토록 계곡이 깊고 산이 높은 곳에 갔는데도 공기가 탁하다는 것이었다. 우리나라에서 같으면 깊은 산에 들었으니 가슴속까지 뻥 뚫릴 것 같은 상쾌함을 느껴야 할 텐데 전혀 그렇지가 못했다.

그다음으로 옮겨 간 서안에서는 더더욱 그랬다. 너무 공기가 탁해서 마스크를 써야 하지 않을까 염려가 됐고 실제로 걸어서 관광을 할 때는 감기에 잘 걸리는 나와 두어 분의 사모님들은 마스크를 착용했었다.

서안에서는 진시황 능과 양귀비의 흔적들을 둘러보았다. 특히 장생불사를 꿈꾸던 진시황이 지하에 묻어 둔 흙으로 빚은 실제 크기의 수천수만의 말과 병사들을 보며 말문이 막혔다.

엄청난 그 수에도 놀랐지만 얼마나 섬세하고 정교하게 만들어졌는지 정말로 놀라웠다.

그리고 아직 발굴이 진행 중이라는 지하궁전 아방궁의 모습을 축소해서 만들어놓은 것도 지하로 들어가서 구경했는데 입장료가 아깝다는 생각이 들었다.

두 차례에 걸친 중국여행은 원가계 장가계의 자연의 모습을 제외하고는 내게 어떤 문화적 충격도 크게 주지 못했다. 아니 어쩌면 내 감정이 예전보다 많이 둔화 되었거나 같은 동양권이어서 색다름으로 다가오지 못했는지도 모르겠다.

공기는 탁했고 지나치는 사람들이나 거리는 대체로 지저분했고 별로 새롭거나 신기한 것은 없었다. 다시 한번 맑고 깨끗한 내 나라 우리 강산의 소중함을 가슴에 안고 돌아오는 계기가 되었다.

(2013. 12)

선운산에 안기다

11월 15일부터 1박 2일 불교문학회의 산사체험이 올해는 고창 선운사에서 있었다. 가을이 오고 가는 줄이야 집주변 나무들의 물들어가는 것을 바라보고, 바람 불 때마다 우수수 쏟아지는 낙엽을 쓸어 모으며 나름 가을의 정취에 젖어보기도 했지만 이렇게 좋은 가을에 모처럼 산에 들어 산사에서 하룻밤을 지낸다는 일이 내심 설레는 일이었다. 더군다나 이번에는 시어머님을 모시고 가기로 해서 걱정 반 기대 반 조금 부담이 되는 건 사실이었다.

삼 년 전 금산사에서 산사체험을 할 때 가족을 동반한 동료 문인이 두 분 계셨는데 참 좋아 보였다. 그때 나도 기회가 되면 불심이 깊으신 시어머님을 모시고 와야겠다고 스스로에게 약속을 했는데, 그 일을 이번에야 실천에 옮긴 것이다. 어머님의 건강이 삼

년 전에 비해 많이 나빠졌지만, 더 늦기 전에 고부가 함께하는 특별한 체험을 미루면 안 될 것 같았다.

이런 저런 핑계로 차일피일 미루다가 영영 시기를 놓쳐버려 평생의 후회로 남은 친정어머니와의 여행처럼 또 다른 핑계로 시어머님과 둘만의 산사체험도 놓쳐버려서는 안 될 일이었다.

아버님 세상 뜨신 후 혼자 남으신 어머님을 우리 집에 모시려 했지만, 한사코 마다하시더니 작년부터 당신 건강이 많이 나빠지고 기력이 부치시는지 올해 초 못 이기는 척 우리 집으로 들어오셨다. 그래서 시어머님과 함께 살게 되었는데 결혼하고 38년을 가까이에서 들며 나며 부대끼던 것하고 한집에서 날마다 마주치며 살아가는 일이 같을 수는 없는 일이다. 어머님도 나도 한쪽 눈 감고 한쪽 귀도 막고 이해하며 살자고 약속했지만, 어디 좋은 일만 있을 수 있겠는가? 어머님은 팔십을 넘기셨고 나 또한 예순도 중반에 들었으니 서로 이해의 폭이야 젊은 날보다 한결 넓어지고 또한 함께 나이 들어가는 동지애(?)같은 것도 생겼지만, 지난 세월 어느 굽이엔가 가시처럼 박힌 앙금인들 왜 없겠는가?

그래도 신심 깊으신 어머님을 곁에 모시며 언짢은 생각이 일어날 때마다 또 한 가지 닦을 거리가 생겼다 하고 마음을 다잡곤 한다.

시어머니와 며느리로 만난 우리의 인연이 좋은 인연인지 나쁜 인연인지 알 수는 없지만, 이생에서 닦지 못하면 다음 생으로 안 좋게 이어질 수 있다니 알지 못하고 느끼지 못하는 업보라도 하나하나 닦아서 풀고 가야겠다는 생각을 한다. 어머님을 모시는 하루하루가 내겐 수행이며 어머님을 따라 불자의 흉내라도 내는 일 또한 나를 닦는 하나의 방편이다.

산사체험에 시어머님을 모시고 가는 것도 내겐 또 한 가지 수행의 작은 몸짓일 것이다. 흔쾌히 따라나서는 어머님이 거동이 느려서 함께하는 다른 사람들에게 누를 끼칠까 염려가 되기도 했지만 그런 상황이 된다면 적당히 뒤로 빠지리라 생각했다.

오후 세 시 반에 선운사에 도착해서 미처 도착하지 못한 회원들을 기다리는 동안 어머님은 지장궁에서 쉬시게 했다. 평소 자주 절에 드나드신 어머님이라 낯선 사찰임에도 낯설어하지 않아서 참 다행이었다.

약속 시간보다 조금 늦게 도착한 회원들과 만나 옷을 받아들고 배정받은 방으로 향했다. 대웅전에서도 종무소에서도 한참이나 떨어진 외진 곳이어서 오고 가는데 시간이 좀 걸릴듯하였다. 우선 옷부터 갈아입고 모임 장소로 가는데, 시간도 촉박하고 모이는 장소가 지하라고 하니 어머님을 모시고 갈 수가 없었다. 지장궁에 계시는 어머님께 달려가 좀 더 그곳에 계시라 하고 모임 장소로 내려갔다.

절에 머무는 동안 지켜야 할 기본적인 예절과 일정 안내 등을 마치고 사찰을 돌며 각 전각을 둘러보기로 했다. 혼자서 기다리고 계실 어머님 생각에 마음이 불안해서, 안내가 끝나고 일행들이 밖으로 나올 때 나는 급히 방으로 어머님을 모시고 갔다. 절에서 나눠 준 옷으로 갈아입게 하고, 전각을 돌며 설명을 듣고 있을 일행들을 찾아 나섰다. 걸음이 빠르지 못한 어머님의 손을 잡고 이리저리 둘러보다, 마침 대웅전 앞으로 올라가는 일행들을 따라갔다. 거의 빼먹고 서너 곳의 전각만 따라가는데도, 어머님은 계단 때문에 힘들어 하셨다.

저녁 공양을 마치고 나니 날이 어두워졌다. 어머님을 지장궁에 다시 모셔다드리고, 나는 일행을 따라 범종각 앞에서 타종의식을 참관하였다. 두 분의 스님이 번갈아 화려한 몸짓으로 커다란 북을 치고, 운판과 목어를 치고, 커다란 종을 서른세 번 울리셨다. 땅 위에 있는 모든 생명, 하늘을 나는 모든 생명, 물속에 사는 모든 생명과 땅속 깊은 곳에 있는 모든 인연들에게 까지 울려 퍼져 쉬게 하려는 의식이라던가?

다른 소리보다도 가까이서 듣는 범종 소리의 깊은 울림은 특별한 느낌으로 다가왔다. 한 번 종을 칠 때마다 우우웅~~~ 하고 깊고 길게 여운이 퍼져나가는데 그 느낌이 뭐라 말할 수 없는 신비로움으로 빠져들게 했다.

범종각을 물러 나와 대웅전으로 옮겨 저녁예불에 동참했다. 발밑이 어둡고 계단까지 오르내리는 곳이라 어머님은 그대로 지장궁에 계시도록 했다.

저녁예불을 마친 뒤 산사체험에 참가한 모든 사람들(우리팀을 포함 사오십 명 정도)이 지장궁으로 모여 108배 체험을 했다. 지도스님의 죽비소리에 맞춰 CD에서 나오는 참회와 감사의 말씀을 들으며 절을 시작했다. 혼자서는 엄두도 못 낼 일을 어른, 아이,

노인 젊은이 할 것 없이 수십 명 대중이 하나같이 경건하게 108배 체험을 마쳤다. 이번에도 무릎 때문에 108배를 채우지 못 할까봐 걱정했는데 거뜬히 해낼 수 있었던 것은 특별한 곳의 특별한 기운의 덕이었을 것이다. 어머님은 내 뒤에서 앉아서 하다 일어서서 하다 108배를 채웠다고 하셨다. 어머님과 함께한 108배 이 또한 감사한 일이다.

함께 참가한 도반의 배려로 방도 우리 둘이서 한방을 쓸 수 있게 해줘서 어머님도 나도 마음 편히 따뜻하고 아늑한 공간에서 하룻밤을 쉴 수 있었다.

시어머니와 며느리로 만나 단 한 번도 둘이서만 한 방에 누워본 적이 없었다. 그런데 고즈넉한 산사에서 어머님과 단둘이서 한방에 나란히 누워 도란도란 이야기 나누다 잠들 수 있다는 것이 너무나 고마워 가슴이 벅찼다.

둘째 날 - 네 시 반의 새벽예불은 빠지기로 했다. 새벽바람에 어두운 길을 더듬어 대웅전까지 올라가는 일은 무리일 것 같았다. 대신에 다섯 시쯤 일어나서 가볍게 세수하고 이불만 개고 앉아 금강경 일독을 했다.

여섯 시에 내려가서 아침 공양을 하고 방으로 돌아와 잠시 쉬었다. 모두 모여서 도솔암까지 걸어서 다녀와야 하는데 나는 함께 걸을 수 없는 사정을 말하고 내 차로 어머님과 함께 도솔암으로 출발했다. 도솔암으로 오르는 길에 눈 앞에 펼쳐지는 청정지역의 정말 곱게 물든 단풍이 자꾸만 눈길을 붙잡았다. 그러나 단풍은 내려오면서 천천히 구경하자며 천천히 차를 몰아 올라갔다.

마침 오늘 큰 규모의 행사를 준비하느라 도솔암은 이른 아침부터 북적이고 있었다. 부산한 틈새로 우리 둘은 법당에 올라 가볍게 삼배를 올리고, 뒤로 돌아 올라가 마애불까지 참배하고 내려왔다.

선운사로 돌아오는 길엔 몇 차례 잠깐 차를 멈추고, 곱게 물든 단풍과 좋아하시는 어머님을 사진 속에 담았다. 어머님이 평소에 안 하시던 말씀을 몇 번이나 "참 좋구나. 고맙다."라고 하시는 걸 보면 이번 산사체험이 흡족하신 모양이다. 나 또한 어머님과 마음의 거리가 한결 가까워진 것 같다.

1박 2일 선운산에 안겨 아름다운 단풍의 빛깔만큼 곱게 물들고 돌아왔다. (2014. 11. 16.)

쉼표가 필요해

무더위가 기승을 부리던 8월 18일- 매년 해오는 전북불교문학회 산사체험이 완주 송광사에서 1박 2일간 있었다.

집을 떠날 수 없는 이유가 하나둘이 아니었지만, 그냥 집을 나오는 데에 가장 무게를 두고 산사에 안겼다. 복닥거리는 마음도 쉬고, 바쁜 몸도 쉬고, 입을 닫아걸고 머릿속을 말갛게 비워 정말 아무런 생각 없이 쉬고 싶었다.

간간이 비라도 내리면 좋으련만 비는 소식도 없고, 아침마다 방송에서는 올해 들어 최고기온일 것이라고 떠들어 댄다. 연일 푹푹 삶아대는 날씨보다 더 나를 힘들게 하는 것은, 수시로 맞닥뜨리는 내 안의 모래폭풍이었다. 밖으로 뿜어내지 못하고 안으로 삭이며 차곡차곡 쌓여가는 뜨거운 것들이 숨통을 조여서, 마침내는 미쳐 버리거나 죽을지도 모르겠다는 생각, 그리고 누군가를 미워하며 자꾸만 마음에서 밀어내는 나 자신이 너무 싫어서 시퍼렇게 눈뜨는 죄의식에 견딜 수가 없었다.

비록 하룻밤 이틀 낮의 짧은 시간이지만 몸보다 마음이 더 힘든 일상에서 나를 빼내어 잠깐 쉬게 하고 싶었다.

삼시 세끼 꼬박꼬박 밥 차리는 것에서부터 잡다한 집안일은 잊어버리고, 얼굴만 마주치면 찌푸린 얼굴로 끝없이 어딘가가 아프다고 징징대며 매사가 못 마땅해하는 볼멘소리도 잊어버리고, 살아있음으로 하여 치러야 하는 이런저런 의무와 책임도 내려놓고 물처럼 흐르는 시간에 기대볼 요량이다.

- 차향, 그 깊은 맛

오후 세 시 – 연꽃이 만발한 넓은 연못을 지나 주차장에 도착했다. 절 문밖에 내방객들의 주차장이 넓게 마련되어 있었는데 우리는 절 문 안으로 들어가 한쪽에 주차를 했다. 먼저 도착한 회장님을 만나 군산에서부터 같이 간 부회장님과 백련다원에 들어가 시원한 오미자차를 마셨다.

요즈음은 웬만한 절에는 찻집이 딸려있어 절을 찾는 불자뿐만 아니라 오가는 길손들에게 차를 마시고 쉬어갈 수 있게 해서 참 좋다. 도시에서 마시는 달달한 음료나 익숙한 커피가 아닌 전통차를 취급하고 있어서 깊고 은은한 향기까지 함께 내어주니 그 또한 각별하다.

종무소에 들러 간단히 입소서류를 작성한 다음, 황토색 물들인 옷을 받고 방을 배정받았다. 이번 체험에는 많은 분이 참가하지 못하고, 저녁 늦게 합류하신 분, 일찍 오셔서 함께 하다가 늦은 밤에 귀가하신 분까지 모두 일곱 명의 회원이 참가했다. 옷과 방을 배정받은 다음 특별히 귀빈실로 자리를 옮겨 간단하게 경내에서 지켜야 할 주의사항 등 일정설명을 듣고, 귀한 손님에게만 내놓는다는 황금 연꽃차를 대접받았다.

황금 연꽃차는 처음 마셔보는데 그 향이 정말 깊고 은은하여 몇 번을 더 따라서 마시며 향을 음미하였다. 어수선한 머리가 조금 맑아지는 것 같았다.

이번 템플스테이는 휴식형으로 신청했기 때문에 일정을 여유롭게 자율적으로 운영할 수 있도록 짜여졌다. 약간의 사찰체험이 섞여 있지만 대체로 우리끼리 시간을 보낼 수가 있어서 더욱 좋다.

- 연蓮

이곳엔 7천여 평이나 되는 연 방죽이 초입에서부터 절을 둘러싸고 있는데, 지금 한창 연꽃이 만개하여 연 향과 함께 아름다움이 절정을 이루고 있다. 해마다 우리 회원들의 산사 시화전이 선운사 금산사 송광사 등에서 전시되고, 템플스테이도 함께 이루어졌었는데 올해는 이곳 송광사에서 귀한 시간을 함께 했다.

시화는 담장 밖 주차장 맞은편 연 방죽 옆 너른 공터에 전시되어있었다. 큰스님께서 담장 안쪽으로 옮겨보라 하셨지만, 그냥 그자리가 좋겠다 하였다. 언젠가는 이곳 송광사 종루 근처에서 전시회를 한 적도 있었지만, 이번에는 연꽃도 만개하여 담장 밖으로 오가는 등산객들도 지나며 읽어보게 하려는 의도도 있었다.

7천여 평의 너른 연 방죽에는 홍련과 백련이 가득했는데 백련이 훨씬 많았다. 차로 만들어지는 것은 백련이라고 하는데 잎을 따서 차를 만들고 연밥을 따서 연자죽도 만들고 뿌리는 반찬을 만든다니 버릴 것이 없다. 일반에게 팔지는 않고 절에서 채취하여 손님 접대용으로 쓰고 나눠주기도 한다고 했다.

방으로 돌아와 짐을 내려놓고 황토색 옷으로 갈아입은 다음 마루 끝에 앉아 잠시 휴식을 취했다. 경내에서는 발소리도 조용히 말소리도 조용조용 –

저녁나절 비스듬히 비치는 햇살에 잔잔히 물들기 시작한 산 빛깔을 바라보고, 무심히 흘러가는 구름도 바라보고, 고즈넉한 절간 누각들의 처마도 바라보며 무엇보다 시시콜콜 묻고 답할 일 없이 입을 다물 수 있어서 참 좋다. 마주치는 누구에게든 가슴 앞에 두 손을 모으고 가볍게 고개를 숙여 지나가면 되니, 이러쿵저러쿵 오고 가는 말이 필요 없어도 서로를 존중하는 몸가짐이 번잡스럽지 않아서 더욱 좋다.

저녁 공양을 알리는 쇠북 소리가 울리고 공양간으로 건너가니 한쪽에서 스님 대여섯 분이 조용히 식사를 하고 계시고, 우리처럼 산사체험을 하러 오신 분들인지 몇 분이 들어와, 역시 조용히 식사를 하고 있었다. 우리도 각자 먹을 만큼씩만 음식을 가져다가 식사를 했다.

여자들에게 세상에서 가장 맛있는 밥은 다른 사람이 차려준 밥이라더니 내 손을 거치지 않고도 따뜻하고 정갈한 밥상 앞에서 너무 배부르지 않게 저녁밥을 먹었다. 집에서 같으면 지금쯤 마당을 질러다니며 개와 고양이들의 밥을 챙겨주고, 나뭇잎과 동물들의 분변을 치우고 안으로 들어와 저녁 식사를 준비할 시간인데, 아무것도 하지 않고 먼 산이나 바라보며 쉬다가 편안하게 저녁밥을 먹었으니 참으로 잘 왔다는 생각이 절로 들었다.

- 탁한 마음자리를 풀어놓고

자유롭게 경내를 둘러보며 쉬다가 여덟 시에 도영 큰스님 거처로 옮겨가서 법문을 청해 듣기로 했다. 스님께선 손수 향기로운 차를 우려서 우리에게 내놓으시며 편안하게 말문을 터 주셨다. 돌아가며 하고 싶은 말들을 해보라 하셨을 때 나는 작심하고 손을 들었다. 이런 기회가 아니면 언제 큰스님과 말씀을 나눠보겠는가? 지혜가 높으신 큰스님과 법우들 앞에서 자청하여 망신을 당해보리라 생각했다. 평소 감추어진 부끄러운 내면을 솔직히 드러내고 욕을 먹든지 위로를 받든지 해보리라.

"스님, 저는 제 시어머님 때문에 날마다 괴롭습니다. 제 나이도 낼모레면 칠십인데 눈만 뜨면 마주하는 어머님의 여기저기가 아프다는 소리와, 매사가 못마땅해 찡그린 얼굴을 대할 때마다 숨이 막힙니다. 저도 여기저기가 아프거든요. 젊었을 때와 달리 여기저기가 아픈 건 어쩔 수 없는 일이잖아요. 병원도 다니고 약도 먹으면서 견뎌야지 아파서 못 살겠다, 더워서 못 살겠다, 추워서 못 살겠다, 잠을 못 자 죽겠다, 음식이 짜다, 싱겁다, 맵다... 날마다 징징대며 불만을 토해내시니 이젠 어머니하고 마주 앉는 일조차 싫습니다."

"한집에 살면서 어머님을 마음으로 싫어하고 밀어내는 저 자신이 정말 못됐다는 생각에 마음이 편치 않고 며느리로서 큰 죄를 짓는 것 같아 더욱 괴롭습니다."

제풀에 얼굴이 발개지도록 탁한 마음자리를 풀어놓고 나니, 부끄럽기도 하고 시원하기도 하고 마음이 복잡해졌다. 누구도 명쾌한 답을 내놓을 수 없는 가정사인데, 큰스님인들 뾰족한 수가 있을까마는 이런저런 말씀을 해주셨다. 나도 안다. 문제도 내게 있고 해답도 또한 내게 있는 줄을.

그래도 부끄럽게 끌어안고 있는 내 속의 시커먼 보따리를 풀어놓으니, 마음이 한결 가볍기도 하다. 어떤 상황이든 그런 상황에 놓여보지 않은 사람은 모른다. 교과서적인 이야기가 무슨 위로가 되겠으며, 어떤 말이 내가 살아내야 하는 현실에서 나를 구원할 수가 있겠는가? 애당초 말문을 연 것은 카톨릭 신자가 신부님 앞에서 고해성사를 하듯, 큰스님 앞에 무거운 죄업을 드러내놓고 마음의 짐을 덜어볼까 했는지 모른다. 스님은 속세에서 아등바등 살아가는 우리네와는 다르니 무어라 말씀하셔도 내게 상처가 되지 않을 것이니까.

- 세심정洗心亭

모두들 이런저런 이야기들을 나누다가 큰스님 방을 물러 나와 발길을 세심정으로 옮겼다. 마음을 깨끗이 닦으라는 정자인데 보름달에서 조금 비워진 달빛이 환하게 내리비쳤다.

달빛 고요한 정자에 나란히 걸터앉아서 이런저런 이야기꽃을 피웠다. 마음을 맑게 씻으라는 정자에서 나는 마음이 얼마큼이나 씻어졌을까 모르겠다.

밤이 깊어지자 최소한의 불빛만 남겨두고 절간은 모두 전깃불을 껐다. 환한 달빛만 불침번이 되어 하늘과 숲과 땅 위의 모든 것들을 지켜주고 있었다.

- 예불은 건너뛰고

새벽 예불에 참여하려고 살그머니 방을 나가는 같은 방 법우의 움직이는 소리를 들으면서도, 밤잠을 설친 나는 얇은 홑이불을 끌어다 덮고 잠든 척 누워있었다.

옆방에서도 법당에 가려고 나가는 발자국소리가 들린다.

법당에 나아가 손 모아 기도하고 무릎 닳도록 절만 하면 무얼 하나? 집에 계신 부처님 하나 제대로 섬기지 못하는데... 한지 바른 장지문이 희뿌연하게 밝아오도록 이쪽저쪽으로 몸만 뒤척이며, 엄마 대신 아침준비에 바쁠 우리 딸에게 미안한 생각이 든나. 그리고 전생에 지은 빚을 다 갚고 가려면 집에 계신 어머니 부처님께 좀 더 따뜻하게 해드려야겠다고 생각했다. 미운 마음이 올라올 때마다 '저분은 내게 빚 받으러 오신 분이다.' '잘 달래어 보내야 한다.'라고 생각을 고쳐먹기로 했다. 잠시나마 집을 떠나와 몸과 마음을 쉬고 나니 이렇게 기특한 생각도 든다.

- 울력과 백팔 염주 만들기

아침을 먹고 한 시간쯤 쉬다가 울력에 참여했다. 아침나절이기는 해도 금방 열기를 뿜어내는 팔월의 뙤약볕 아래서 한 시간여를 호미로 잡초 뽑기 울력을 했다.

비가 내리지 않아서 억셀 대로 억세어진 화단의 잡초를 뽑아내는데, 무릎과 허리가 안 좋은 내겐 쪼그리고 앉는 일도, 꾸부정하게 엎드려 하는 일도 여간 힘든 일이 아니었다. 다른 회원들도 나이들이 젊지 않으니 모두가 힘드셨을 게다.

울력을 마치고 법당에 올라가 백팔 염주 꿰기 체험활동을 했다. 절 한 번 하고 염주 한 알 꿰기를 일백여덟 번을 해서 백팔 염주를 완성했다. 몇 해 전 금산사에서 만든 백팔 염주는 아들에게 주었고, 이번에 만든 염주는 딸에게 주려 한다. 아픈 무릎과 허리로 일백여덟 배를 하며 정성으로 만든 염주이니 받는 이에게 좋은 기운이 전해지기를 염원한다.

- 산행 후 회향

잠시 쉬었다가 총무스님의 인도로 산행에 나섰다. 젊은 총무스님은 나지막한 산이니 어렵지 않을 것이라며 안내를 하시는데, 웬걸 오르고 내리고 또 오르고.... 심지어는 길도 아닌 풀숲에 길을 만들며 한 시간 반 산행을 하고 나니, 시간은 정오를 지나 오후 1시가 훌쩍 지났고, 물 한 모금 못 마시고 불볕에 산행을 한 우리는 모두 땀에 젖고 녹초가 되었다. 젊은 총무스님은 미안했던지 마을로 내려와 시원한 음료를 사주겠다고 하셔서 가게에 들어가 시원한 음료수를 하나씩 먹었다. 음료수 값은 김**선생님이 내주셨다. 점심 식사 시간도 훨씬 지났고 모두 지쳐있어서 스님께서 절에 전화를 해 차가 우리를 데리러 와서 절까지 편하게 돌아왔다.

우리만 늦은 점심을 따로 먹고 처소로 돌아와 간단히 씻고, 1박 2일 짧지만, 그저 짧지만은 않은 산사체험을 감사히 회향했나.

(2018. 8. 18 ~ 8. 19.)

시간과 물이 만든 걸작품(미서부 3대 캐년과 캐나다 록키산맥)

〈여행 중 스마트폰에 남긴 짧은 메모〉

– 첫째 날 오후 3시 20분발 벤쿠버행 비행기(9시간 20분)

출발부터 가이드 없이 공항 안 여행사 데스크에서 받은 여행안내 책자를 받고 비행기 티켓팅부터 모든 것을 우리가 해결해야 했다.

다행히 인천공항스텝이 인천에서 벤쿠버까지, 벤쿠버에서 샌프란시스코까지 티켓팅을 도와줘서 고마웠다. 짐은 최종목적지인 샌프란시스코까지 부치고 사람만 벤쿠버에서 내려 미국행 비행기로 환승하면 된다.

벤쿠버공항에서 내려 표지판을 따라 미국행 비행기를 타기 위해 이동했다. 까다롭다는 미국 입국 심사를 잘 받고 탑승구로 이동하여 두 시간쯤 기다리다 비행기를 탔다. 두 시간 좀 넘게 날아서 샌프란시스코에 도착. 샌프란시스코 현지시각 오후 5시 13분 (시차 약 16시간) 가이드와 미팅 후 이동

– 샌프란시스코 –안개의 도시, 언덕의 도시, 지진의 도시, 사랑의 도시, 낭만과 평화의 도시, 만에 이르는 곳에 두 개의 커다란 다리가 보인다. 베이블릿지(회색), 금문교(오렌지색)

– 페리빌딩

을사늑약으로 완전히 팔다리를 잘린 채 나락으로 떨어진 대한제국이 외교 고문으로 의뢰하고 대외창구로 믿었던 미국인 외교관 더넘스티븐슨의 왜곡된 인터뷰에 힘없는 재미 국민은 절망하고 분노했다.

절치부심 복수를 하려고 때를 기다리다 외교관 살해시도를 했고 결국은 죽였으나, 나라 잃은 힘없는 백성 우리의 구국청년단 정명훈, 장인환은 편파적인 재판을 받고 억울하게 구금되었다.

미처 알지 못했던 일제강점 식민지하의 재미 구국청년단의 항일 역사를 알게 해준 힘 있고 설득력 있는 가이드의 설명이 귀에 쏙쏙 들어왔다.

시간과 공간을 뛰어넘어 우리는 가슴에서 솟구치는 애국심으로 하나가 되는 경험을 했다. 자라는 청소년들에게 우리나라의 근현대사 교육의 필요성도 강조하며.

밤 11시쯤 호텔에 도착. 와이파이를 찾아서 소식을 확인하고, 소식을 전하고 나서 씻고 모닝콜은 7시에 해준다 했으나 6시로 알람을 맞춰두고 자리에 들었다. 그러나 16시간의 시차 때문인지 잠은 쉬 들지 못했다.

– 둘째 날 호텔 조식 후 9시 출발– 차창으로 스쳐 지나가는 풍경은 넓은 농경지와 목초지, 엄청난 규모의 풍력발전시설이 드넓은 하늘을 배경으로 펼쳐지고 있었다.

넓은 광야 위 파노라마로 펼쳐지는 하늘과 구름마저도 땅덩어리가 넓어서 그런지 내 나라에서 바라보던 그 하늘 그 구름과는 규모가 달라도 너무 달라 보인다.

아기자기 산과 들과 하천이 어우러져 정겨운 우리나라와는 다르게 거침새 없이 펼쳐지는 풍경이 낯설다.

– IN & OUT 햄버거로 점심을 해결했다. 신선한 재료를 넉넉히 사용한 여행자들에겐 꽤 이름난 햄버거라 한다. 햄버거가 햄버거지 별것일까마는 맛은 괜찮았다.

캘리포니아는 대체로 날씨가 맑아서 일조량이 풍부하긴 한데 사막성기후라 건조하고 비가 오지 않아서 물이 귀하다고 한다. 달리는 차 창밖으로 비타민E가 풍부한 아몬드와 피스타치오 농장이 엄청 넓게 이어진다.

– 요새미티 국립공원은 2000년에 다녀갈 때 무척 인상 깊었던 곳이었다. 태풍에 쓰러진 나무들까지 그대로 보존되어있는 원시림과, 숲속에 깊이 들어앉아 있던 통나무집과 그곳에서 마셨던 커피 향이 오랜 여운으로 남아있었다. 특히 그곳을 빠져나오는 한 시간여 동안 버스 안에서 잔잔하게 울려 퍼지던 팬플룻의 애잔한 가락이 여행자의 가슴을 촉촉하게 적셔주었던 것 같다.

아름다운 요새미티 벨리, 대장바위(엘캐피탄), 신부의 면사포를 닮았다는 브라이드 폴도 올해는 가물어서 수량이 그리 많지 않아 이름값을 못 하고 있었다.

특히 높이가 700여 미터나 된다는 요새미티 폭포는 매말라서 물이 흘렀던 흔적만 남아있다. 버스로 지나오면서 바위 모양이 거대한 돔을 연상시키는 하프 돔, 동화 속에나 나올 법한 오래된 웨딩체플을 보았다.

요새미티 LODGE에서 잠시 휴식과 자유 시간을 가졌다. 요새미티에는 하늘을 찌를 듯한 울창한 나무들이 많은데 세코야 나무라고 지름이 8m나 되며 6천 년 된 나무도 있다고 들었다. 아름드리나무들과 빙하가 만들어놓은 화강암 절벽들을 바라보며 아름다운 요새미티를 빠져나왔다.

저녁 식사를 하기 위해 두 시간쯤 이동하는데 저녁 햇살에 비낀 드넓은 목초지가 황금빛으로 빛나고 있었다. 초록이 아니 황금색인 이유는 너무 가물어서 풀들이 일찍 말라버려서 그렇단다.

– 셋째 날 – 새벽부터 출발한다고 4시 모닝콜예약, 우리는 3시 반 알람으로 해놓고 일어나 5시부터 식사하고 6시에 라스베가스를 향해 출발했다. 어둠이 채 가시지 않은 여명 속을 버스는 쉬지 않고 달렸다.

– 프레즈노, 샌프란시스코 등의 지명도 스페인어라고 한다. 프

레즈노 대농장 지역에서는 포도가 많이 생산되어서 건포도 등 말린 과일이 많이 생산된다.

봄철엔 아몬드, 오렌지, 복숭아, 자두, 체리 등 과일나무들이 연보랏빛 분홍빛 꽃들을 아름답게 피워 장관을 이룬다고.

50여분을 달려가니 어둠이 서서히 깨어나면서 동쪽 하늘이 불그레하게 물들다가 황금빛으로 변하기 시작한다. 새날의 아침이 황금 날개를 펼쳐 들고, 힘찬 날갯짓을 하며 날아오른다.

저녁노을과는 또 다르게 아침노을이 이토록 아름다운 줄 처음 알았다. 아름답게 펼쳐내는 대자연의 파노라마에 넋을 놓았다.

캘리포니아농장지대가 끝나고 나지막한 둔덕이 끝없이 이어져 태아차피 산맥을 이루는 구간을 지나갔다. 이런 곳에 한국의 전통 사찰 태고사가 있다고 한다.

이 지역은 고산지역으로 공기 맑고 여름에 서늘해서 캘리포니아 농장주(부자)들이 집을 짓고 산다. 높은 지역을 어떻게 이동하는가는 걱정할 필요가 없다.

이들은 개인 비행기를 소유하고 별도의 비행장도 갖추고 있으니까.

모하비 사막지역을 통과하며 서부영화에서 흔히 보았던 여호수아나무들을 본다.

바스토우 아울렛에서 약 1시간 동안 자유롭게 쇼핑을 하고 건강식품점에 들러 건강식품들을 샀다. 우리나라 사람들 특히 중장년층은 좀 심하다 싶게 건강염려증이 있는 것 같다. 나도 시어머님과 우리를 위해 꽤 고가인 알부민과 영양제 등 서너 가지 건강식품을 구입했다. 해외에 나와서는 손을 가볍게 다니자고 다짐을 하는데도 또 충동을 이기지 못하고 짐을 보태고 있다. 점심 식사 후 켈리코 은광촌으로.

– 라스베가스~ 환상과 축제 불야성의 도시를 다시 찾아왔다.

이곳의 밤은 현실이 아니다. 말로 다 표현하기 어려운 볼거리들을 둘러보며 함께 축제의 물결에 섞여 출렁거렸다. 18년 전에 이곳에 왔을 때 유타에서 이곳까지 우리를 만나러 8시간여를 달려와 주었던 친구Bruce가 생각났다.

구 시가지의 수천수만의 전구쇼까지 보고 다시 시내 중심부에 있는 우리의 숙소 익스컬리버 호텔에 여장을 풀었다. 모든 길은 로마로 통하는 것처럼, 라스베가스의 건물은 모두 카지노를 통해서 들어간다.

이렇게 화려한 도시에서 어떻게 호텔방에만 머물다 갈 수 있겠는가? 가방만 던져두고 남편과 둘이서 다시 나와 낯선 풍경 속에 섞여보았다. 전에 왔을 때는 재미로 가볍게 카지노에서 게임을 해봤지만, 이번엔 안 하기로 했다.

걸어 다니며 이곳저곳 구경하고, 사진도 찍고, 유명하다는 허쉬쵸콜렛 매장에 들러서 집에 가서 나눠 먹으려고 쵸콜렛도 넉넉하게 샀다. 짐만 자꾸 불어난다.

날이 밝아오며 마법은 풀렸다. 어둠이 내려앉을 때 색색의 불빛을 입고 환상 속으로 빠져들게 하던 Excalibur를 비롯한 수많은 호텔들... 마법이 풀린 도시는 그저 삭막한 도시일 뿐, 꿈속의 도시, 라스베가스여 안녕~

한 시간쯤 외곽으로 빠져나와 얼큰한 콩나물 해장국밥으로 아침 식사를 하고 다시 출발~ 네바다주에서 아리조나주를 살짝 걸치고 유타주로 넘어간다.

오늘과 내일은 지구의 역사책을 펼쳐보게 되는 서부의 3대 캐년을 만나러 간다.

오늘은 자이언(ZION)캐년, 브라이스(BRYCE)캐년, 내일은 그랜드캐년을 만나게 된다.

유타주에 접어들자 차창으로 보이는 산들이 지금까지 보아왔던 산에 대한 고정관념을 깨버린다. 봉우리들이 모두 반듯하게 잘려나간 듯 평평하다.

아래는 붉은빛이 드는 퇴적층으로 되어있고, 위는 거대한 테이블 모양으로 반듯반듯하다.

신들의 성지 자이언(ZION)캐년의 시작이다. 1.8km의 터널을 경계로 힘 있고 변화무쌍한 직벽의 남성적 캐년이 그 시작이라면, 터널을 빠져나오면 비로 쓸어놓은 듯한 부드러운 굴곡 혹은 빗살무늬 토기 같은 여성적인 부드러움이 돋보이는 다른 모습의 캐년이 이어진다.

마치 영화 아바타에 나오는 하늘에 떠 있는 공중성의 모양 같기도 한, 신비로운 모양의 바위덩어리들 ~생명을 잉태하고 키우고 있는 지구의 모습이 한눈에 보인다.

퇴적층 사이를 비집고 들어가 그 척박한 곳에서 생명을 키워내 상상불가의 천연 분재원을 만들어내고 있다. 이모든 신비롭고 경이로운 경관이 강물이 흘러가면서 침식작용으로 빚어진 물의 작품이라니 신의 손길이 아니면 불가한 일인 듯싶다.

신들이 산다면 바로 이런 곳이 아닐까?

카메라를 들이대는 일이 얼마나 무모한 일인지 바쁘게 눌러대던 손을 놓고, 나는 보잘것 없는 인간의 한계에 탄성을 지르는 일밖에 할 수 있는 것이란 없었다.

너무너무 경이로운 대자연 앞에 가슴이 벅차서 잠시도 한눈을 팔 수가 없다. 눈으로 보고 가슴에 담아가기만도 나는 너무너무 작고 작아서, 작고 작은 내 그릇에 울음이 터져 나올 것 같았다.

점심 식사 후 브라이스(BRYCE)캐년으로 향했다.

이곳은 해발 2600m라니 산소가 살짝 부족하니 뛰지는 말라고 당부했다. 푸른 목초지가 넓게 펼쳐지고 군데군데 농장이 보여 한가로워 보이는 전원풍경을 감상하며 브라이스캐년에 도착했다.

오! 나는 지금 어디에 서 있는가? 지금까지 나는 어디를 기웃거리느라 오늘에야 이곳에 이르렀는가? 지금까지 아름답고 웅장하고 신비롭다고 보고 느껴왔던 내 기억은 오늘부로 모두 지우고 다시 시작해야 한다. 말이 필요 없다. 아름다움이란 저런 것이다. 신비로운 경관이란 바로 저런 것이다.

– 비가 내린다. 어제는 어두운 황토색으로 보이던 산들이 오늘은 비에 젖어 마치 붉은 단풍으로 덮인 듯 선명한 붉은 빛이 아름답다.

아침 8시– 신의 최후 최대의 걸작, 12개의 지층을 품고 있다는 그랜드캐년 향 발.

약 1시간쯤 달려 글램캐년지역을 지나간다.

제발 비가 멈추고 구름이 살짝 비켜주기를 바라지만 흐린 하늘은 끊임없이 강약을 번갈아 비를 뿌린다. 들판에 이따금 커다란 비석 같은 것들이 우뚝우뚝 서 있다.

어제 지나온 곳이 붉은색 계열이라면 이곳은 버섯을 연상시키는 회색계열이다.

위 뚜껑 부분은 암회색이고, 기둥처럼 보이는 부분은 베이지색에 가깝다.

글램캐년 댐을 지나 엄청난 크기의 레이크파월을 지난다. 다시 주변 산의 지층 빛깔이 붉어진다.

만약에 무슨 일로 거대한 호수 레이크파월의 물이 빠져나간다면 물 밑에 잠겨있는 또 다른 비경이 나타나리라는 엉뚱한 상상은, 흐르는 물이 만들어낸 불가사의하고 아름다운 캐년을 만나고 온 많은 사람들의 공통된 상상이 아닐까?

드디어 이번 여행의 하이라이트인 12개의 지층을 볼 수 있다는 그랜드캐년을 곧 만나게 되리라.

이슬비가 흩뿌려지는 대평원 위로 기기묘묘한 형상의 지층 더미들이 널려있다. 낮고 두텁게 덮인 우중충한 비구름 밑으로 울툭불툭 돋아난 연보라와 잿빛의 지층 덩어리들은 SF영화에서 보았음 직한 낯설고 삭막한 광야의 모습이다. 불쑥 이상한 모습의 외계인이 나타나 레이저를 쏠 것 같다.

그랜드캐년은 2억7천만 년 전부터 퇴적된 계곡으로 지금의 모습은 약 500만 년 전에 형성된 것으로 추정된다고 한다.

30km에 걸쳐 위용을 자랑하며 깊이가 16km에 달하는 광대한 계곡으로 남과 북이 300m의 고도차이가 난다고 한다.

5개의 기후대를 모두 가지고 있어 지구상 온갖 동식물을 볼 수 있으며, 지구의 나이를 40억 년 정도로 추정하는데, 그랜드캐년의 맨 밑바닥 지층은 약 20억 년, 그래서 이곳에서 지구 나이의 절반을 볼 수 있다 하니 경이롭지 않은가!

그런데 안타깝게도 하루의 시작을 비와 함께 하더니, 그랜드캐년의 뷰포인트에 가까이 오자 빗줄기가 거세지며 비구름이 안개처럼 덮여서 계곡을 감춰 버린다.

남편과 나는 2000년 12월 25일부터 시작한 미 서부여행 때 이번 여행코스의 대부분을 다녀갔었다.

그때는 어제 본 두 개의 캐년은 안 보고, 그랜드캐년만 보고 갔는데, 이번엔 비구름이 계곡을 가득 메워서 그랜드캐년을 못 보고 발 도장만 찍고 간다.

우리야 전에 보지 못한 자이언캐년과 브라이스캐년을 어제 보았기 때문에 오늘 그랜드캐년을 못 보고 가더라도 그다지 안타깝지 않지만, 같이 온 일행들에겐 여간 속상하고 안타까운 일이 아니다.

내려서 계곡을 따라 잠시 걸음을 옮겨보았지만 비구름과 안개가 계곡을 가득 메우고 있어서 아무것도 볼 수가 없었다.

****

*리플린에서 새벽 4시 40분 출발 2시간여를 달려 그제 지나왔던 바스토우에서 조식.

모하비 사막지역이 끝나간다는데 아직도 주변은 삭막한 들판이다.

들판을 지나는 기다란 기차를 네댓 번 봤는데 세어보다 잊었다. 길게는 200량이나 된다고 하는데, 얼마나 긴지 산을 휘감아 돌고도 남아서 거의 움직임이 없는 것처럼 보였다.

*로스엔젤레스로 들어와 먼저 LA다저스 구장을 방문했다.

경기가 있는 날은 들어가 볼 수가 없지만, 오늘은 쉬는 날이어서 안에 들어가 둘러보고 사진도 찍었다.

경기장은 크고 훌륭했다. 박찬호선수가 활약했던 곳, 현재는 유현진선수가 뛰고 있는 곳 그래서 한국인들에게는 남다른 관심과 애정이 있는 곳이다.

*유니버셜스튜디오에서 무려 5시간여를 체험하며 즐겼다. 동심에 젖어 모두 아이들처럼 환호하며 즐거운 한때를 보냈다. 4D 입체 공간 속으로 들어가, 요동치고 돌고 뒤집히고 물벼락과 화염에 싸이기도 하면서...

저녁은 LA갈비로 포식을 했다.

****

*호텔 조식 후 유니언 역에서 도시락 하나씩 받고 AM TRAK 탑승,

산타바바라로 출발 ~ 아름다운 산타바바라 비치에서 점심식사와 자유시간, 오후엔 헐리우드관광과 그리피스천문대구경

****

* 아침비행기로 캐나다로 옮겨감

다운타운관광, 가장 뉴욕스런 건물들~ 현대와 고전이 함께하는 건축물로 대부분의 건축물이 내진설계가 아주 잘 되어있음

*스탠리파크 –영국여왕이 총독으로 온 스탠리경에게 하사한 2만 에이커의 땅을 스탠리경이 영국으로 돌아갈 때 사회에 환원하고 감.

스탠리공원은 뉴욕의 센트럴파크 보다 2배 넓다고 한다. 원시림이 있는 도심 속의 공원으로 만과 경비행기용 주유소를 품고 있다. 세계에서 가장 큰 도심공원이라고.

****

*아홉 째날(10월 6일)

9시에 산악 사막지역(해발1000m이상)에 속한 호텔 출발 .

주변에 민둥산이 많이 보임. 이 지역은 사막성기후로 아침 기온 0도, 낮 최고 기온17도로 일교차가 크다.

연어가 태평양에서 살다가 해발 600m에서 1500m까지 산란하기 위해 올라오는 곳 연어산란장(록키산맥까지) 관광.

피톤치드 가득한 원시림 속의 빙하가 녹아 흐르는 투명한 강물

에 빨간 연어들이 헤엄치고 있었다. 산란을 위해 올라오는 연어들의 천적은 곰과 흰머리 독수리라고 한다.

호숫가의 마을에서 점심 식사 후 호숫가 공원을 산책했다. 잠깐이지만 공기 맑은 호숫가를 천천히 걸어보는 여유로운 시간이 참 좋다.

과일 농장들이 직영하는 매장에 들러 잠깐 쉬었다. 여러 가지 과일과 특히 빨간 호박이 엄청 많이 쌓여있다. 추수감사절과 할로윈데이가 가까워 온다는 얘기다.

****

*6시 출발- 오늘은 신들의 전쟁터라고 하는 암벽의 산맥 록키 마운틴으로 간다.

빙하가 이룬 아름다운 호수 레이크루이스를 보러가는 동안 차 안에서는 유키구라모토의 피아노연주곡 레이크루이스가 흐른다.

해발 1500m에 접어들었다. 록키산맥은 빙하국립공원으로 세계 최대 침엽수림을 이루고 있다. 삼나무, 미송나무, 전나무, 고산 소나무 등 쭉쭉 뻗은 나무들이 건강한 기운을 뿜어내고 있다.

그래서 이곳을 세계 최대의 힐링센터라고.

이곳의 겨울철 평균기온은 영하 27도라니 얼마나 추운지 상상만으로도 등이 오싹하다.

짙푸른 침엽수림 속의 마지막 활엽수인 자작나무가 은행나무처럼 황금빛 노랑으로 물들어 녹색과 어우러져서 더없이 아름다운 자태를 드러내고 있었다. 나무둥치가 흰색에 검은색 점박이가 있어 그 모양부터 예사롭지 않은 자작나무가 이렇게 아름다운 줄 이번에 처음 알게 되었다. 자작나무는 활엽수임에도 피톤치드를 많이 발산한다고 한다. 자작나무의 25m 높이에는 차가버섯이 자란다고 하니 아름다움에 귀함을 더한다.

해발 3천 미터 맥도날드 마운틴을 지날 때 타임존을 통과하며 자동으로 1시간이 빨라 졌다. 북위 50도 근처에 오로라가 나타나는데 캐나다의 록키는 북위 57도이기 때문에 오로라가 가장 많이 나타난다고 하는데, 가장 많이 관측할 수 있는 시기가 11월~12월이고 지금은 10월이니 시기적으로 조금 일러서 오로라는 만날 수 없다.

*레이크루이스(호수의 폭 1700m)

엘리자베스여왕의 넷째 딸인 루이스공주의 이름을 따서 이름붙여진 이 호수는 록키가 품고 있는 수많은 호수 중에 가장 유명한 곳이다. 빙하가 녹아내려 만든 에메랄드빛의 아름다운 호수에서 한 시간 정도 아름다움을 탐하고 조금 위치를 옮겨 점심 식사를 했다.

*점심 식사 후 가까이서 빙하체험을 하기 위해 이동했다. 버스에서 내려 셔틀버스로 4분 정도 올라가서 탱크처럼 생긴 설상차를 타고 빙하로 올라갔다.

오늘 우리가 가까이서 바라보고 밟아보고 만져보며 체험하게 되는 콜롬비아 빙하는 동서로 30km, 남북으로 30km, 두께가 300m의 얼음덩어리, 빙하가 평원처럼 드넓게 펼쳐져있다.

*해발 1200m의 고원도시 캘거리에서 7시 출발- 눈발이 흩날린다. 해발 4000m까지 올라가 록키의 웅장하고 광대한 모습을 담아가려 곤돌라를 탑승했으나 눈과 운해에 가려 지척을 분간하

기 어려웠다.

곤돌라를 타고 올라가서 전망대에 설치한 사진과 영상물로 아쉬움을 달랠 수 밖에...

*가는 길에 숲속에 숨어있는 고풍스런 성 하나를 만났다. 1820년 세워진 호텔인데 영국의 엘리자베스 여왕과 왕족, 귀족 그리고 각국 대통령과 헐리우드의 유명배우 등 국빈이 록키를 방문할 때 묵어가는 곳이라 한다.

사흘에 걸쳐 캐나다의 3대 국립공원을 지나왔다.

*제스퍼국립공원(어제), *밤프국립공원(오늘오전), *요호국립공원(오늘오후), 모두 록키산맥에 걸쳐있다.

수많은 실산과 빙하, 빙하가 빚은 투명한 강줄기와 보석 같은 호수들- 어제는 레이크루이스에, 오늘은 에머랄드 호수에 마음을 빼앗겼다. 차창으로 스쳐 가는 크고 작은 호수도 수없이 많았다.

고개를 뒤로 젖혀야만 바라볼 수 있는 만년설에 덮인 우람한 바위산들은 끝없이 우리와 동행하고, 빼곡히 둘러친 침엽수들이 산의 중턱까지 가리고 있다.

푸른 하늘과 눈부신 구름 덩어리와 때로는 모든 것을 덮어버리는 운해~ 그리고 하얀 눈과 울울창창한 녹음과 샛노란 단풍이 절묘하게 어우러져 환상적인 아름다움을 만들어내고 있었다. 사흘에 걸쳐 버스로 이동한 거리가 어마어마하다.

여행은 거의 끝나 가는데 언제나 여행의 후반으로 갈수록 내 안에서는 새로운 힘이 솟는다. 여행을 끝낸다는 것이 너무 아쉽다. 내일은 가는 길에 록키가 감추고 있는 절경을 한 곳 더 보고 록키를 빠져나간다.

*호반의 도시 살몬암에서 9시 벤쿠버를 향해 출발. 목가적인 전원마을 넓은 초원과 나지막한 산들 그리고 드넓은 호수가 정말 아름답다.

신들의 영역인 웅장한 록키를 벗어나니 기후대도 달라졌다. 겨울왕국의 완판인 록키를 벗어나 인간들이 살고있는 지상으로 내려온 기분이다.

사과 체리 포도 등 과일나무 농장지대를 지나 해발 1200m 산악사막지대를 통과하는데 그리 크지 않은 호숫가에 조그맣고 빨간 꽃 무리가 띠처럼 둘러있는 모습이 눈에 띄었다. 소금호수라고 했다. 아주 오래전에 이곳도 바다였다는 증거란다. 물이 증발하면 그대로 소금이 되고 이것이 굳어져 암염이 된다 했다.

오늘로 캐나다 서부지역의 대자연 관광은 끝이 났다.

벤쿠버로 가서 나머지 일정을 마치고 나서 마지막 밤을 지내고 나면 한국으로 돌아가는 비행기 타는 일만 남았다.

벤쿠버에서 마지막 옵션 Over Fly를 했다. 유니버셜 스튜디오에서 체험했던 유형인데, 4D 영상으로 캐나다 동서부 4계의 모습과, 록키와 나이아가라폭포, 아름다운 단풍과 오로라까지 날으는 의자에 앉아(실제로는 의자는 화면을 따라 제자리에서 움직임) 실감나게 감상했다.

운해 속으로 들어갈 땐 축축한 물기가 느껴지고, 초록의 평원을 날아갈 땐 풀냄새도 살짝 났다. 나이아가라 폭포 위에선 물방울이 튀기도 했다. 모두가 트릭인 줄 알면서도 사람들은 비명을 지른다. 아름다운 대자연 속을 날아가는 시간이 너무 짧아 아쉬웠다.

****

*벤쿠버공항에서 밤 10시 15분발 인천행 비행기 탑승. 하룻밤을 날아가면 아기자기한 산과 들이 어울려 정겨운 내 나라, 아옹다옹 복작대는 나의 일상으로 돌아간다.

낯선 땅, 낯선 거리에서 여유롭게 바람에 흔들리던 나의 몸과 마음이 다시 양순하게 돌아가는 쳇바퀴를 따라 돌게 되리라. 그래도 14일간 내 안에서 싱그럽게 흘러가던 뜨거운 피의 힘으로 나는 당분간 행복할 것이고, 가끔은 숨 막힐 것 같은 삶의 무게도 거뜬히 견디어 내리라. 그리고 다시 또 다른 낯선 곳으로 날아가 자유로운 바람에 나부낄 날을 꿈꾸며 은밀한 계획을 세울 것이다. (2018. 9. 28~10. 11)

네 번째

선생님, 그 이름

(1972년부터 36년간 초등교사로 재직,

2008. 2. 29. 교감으로 명퇴)

어디로 가라고

지나간 시간 속의 이야기들은 실제보다 훨씬 아름답게 채색되기 쉽다. 즐거웠던 이야기는 물론이고 슬프거나 괴로웠던 일, 민망했던 일들까지 지난 이야기를 풀어 내놓을 때는 대부분 웃으며 말할 수 있게 된다. 아마도 시간이라는 적당한 조미료와 망각이라는 향료가 알맞게 섞이다 보면 우리네 삶의 궤적이란 것이 그저 그렇고 그런 것 아닌가 싶다.

******

초임발령을 고창으로 받아서 7년 동안 시골 학교에 근무하던 예쁘장한 김 선생이 군산 시내로 부임해오던 해, 3월 초 시업식이 있던 날이었다.

운동장에서 담임 발표를 하고 학년별로 모여 서 있는 아이들 앞으로 가서 담임이 자기 반 아이들을 데리고 교실로 들어갔다.

4학년 2반 – 예쁜이 김 선생이 담임한 학급이었다. 김 선생은 학교도 새로 옮겼고 또 새 학년이 시작되어 아이들과 처음 대면하는 자리라 한껏 부드러운 미소로 아이들을 둘러보았다.

일 년 동안 열심히 공부하고 재미있게 생활해 보자며 간단한 생활 약속도 정하고, 이름을 확인하기로 했다. 출석부를 들고 한 사람 한 사람의 이름을 부르며 초롱초롱한 눈망울로 대답해오는 아이들의 얼굴을 정답게 바라보며 웃어주었다. 출석부에는 서른다섯 명의 이름이 적혀있었다.

출석을 부르고 나서 문득 복도 쪽을 바라보니 십여 명의 아이들이 복도를 서성대는 모습이 보였다. 자기 교실을 못 찾고 방황하는 아이들인 듯했다. 새 학년이 시작되는 날엔 저런 아이들이 있기 마련이었다.

"너희들은 몇 반인데 교실을 못 찾고 그러지?"

"2반인데요" 어떤 아이가 겁먹은 얼굴로 조그맣게 대답했다.

"아니야. 우리 반은 딱 맞아. 잘 못 알았나 보다. 어서들 자기 교실 찾아가야지."

복도에서 기웃대는 아이들을 다른 복도로 쫓아내고, 반 아이들과 이야기를 하고 있는데 학년 주임 선생님이 교실 문을 두드렸다.

"김 선생님, 학생 수 모두 맞습니까?"

"네, 딱 맞는데요."

나이 지긋하고 점잖아 보이는 주임 선생님은 고개를 갸웃거리며 다른 교실로 가셨다가 한참 후에 다시 교실 문을 두드렸다.

"선생님, 정말로 선생님 반 학생 다 있습니까? 책상이 많이 남았네요." 하며 교실을 휘 둘러본다. 김 선생은 당연하다는 듯이

"네, 35명 다 왔어요. 남는 책상은 복도로 내어놓을까요?"

하고 말했다. 주임 선생님은 어이없다는 표정으로 김 선생을 바라보더니 출석부를 보자고 했다. 출석부 앞장에는 분명 35명의 이름이 적혀있었다. 그러나 주임 선생님이 출석부의 맨 뒷장을 펼쳐 보였을 때 김 선생은 눈앞이 아찔하고 얼굴이 확 달아올랐다. 앞장의 서른다섯 명 말고도 맨 뒷장에 열다섯 명이 더 있었던 것이다. 아까 복도에서 기웃대다가 쫓겨난 아이들이 바로 그 애들이었던 것이다.

시골에서는 아무리 많아도 출석부 앞장의 반 정도밖에는 차지 않았기 때문에 서른다섯 명이 가득 차게 적혀있는 출석부를 보고, 그보다 더 많은 학생이 있으리라고는 꿈에도 상상을 못 했던 것이었다. 부랴부랴 아이들을 교실로 불러들이고 선생님이 실수했다고 말하면서도 김 선생은 웃음도 나오고 기가 막히기도 하였다. 여자아이 두어 명은 훌쩍이는 아이들도 있었다. 너무나 미안하고 안쓰러워 가볍게 안아주며 등을 토닥여 주면서도 4학년이나 되었으면서 자기 반도 똑똑히 몰랐느냐고 웃음 섞인 눈 흘김을 해주었다. 하긴 2반이라고 말했어도 아니라며 쫓아내지 않았던가!

첫 발령 이후 시골에서만 7년이나 근무하다 온 촌티(?)를 내고

만 것이었다.

새 학년 첫날– 운동장에서도 자기들 이름은 불러주지 않고, 복도까지 따라왔는데도 자기 반이 아니라고 내몰았으니 어린아이들이 얼마나 황당하고 서러웠겠는가?

첫날 선생님의 실수로 하마터면 고아가 될뻔한 아이들은 나중에 보니 그 반의 실력파들이었다나? 공부도 잘하고 발표도 잘하고, 학급 임원이며 무슨 무슨 대회에 학급대표로 뽑히는 아이들도 그 열다섯 명 중에 다 들어있었다고. 김 선생 왈 – 하마터면 알맹이를 다 내쫓을 뻔했잖아? (* 아름답게 나이 들어가는 다정한 친구 김** 의 이야기임)

지우기와 채우기

입에 붙은 소리였나 보다. '그만둔다, 그만둔다' 노래를 불렀는데 나는 이번에도 그만두질 못하고 스물네 번째의 구슬을 꿰러 군산에서 고창까지 어쩌면 목숨을 걸고(?) 출퇴근하는 모험을 하고 있으니 말이다.

목숨까지 들먹이는 일이 우습게 들릴지 모르지만 겨우 일 년 남짓 시내에서만 덜덜거리며 몰고 다니던 운전 솜씨로, 장장 왕복 170Km가 넘는 거리를 날마다 출퇴근하니 서툰 운전경력에 목숨을 내걸었다 말해도 과언은 아닐 듯싶다.

3월 초엔 정말 날마다 울고 싶었다. 어둠이 채 가시지 않은 새벽길을, 가도 가도 멀게만 느껴지는 고창을 향해 달리다 보면, 그만두겠노라 방심하며 아무런 대비도 없이 10년을 낭비해버린 대가인 줄 알면서도, 서러움이 목 밑까지 차오르곤 했다. 남편의 따뜻한 배려와 격려에 힘을 내어 하루를 시작하고, 하루를 접으면서도 말할 수 없는 피로와, 주저앉고 싶은 암담함과 싸워야만 했다.

불과 10m 앞도 제대로 보이지 않는 안개 속을, 차창을 후려치는 빗줄기 속을, 꽃샘추위가 몰고 온 눈보라 속을, 바람에 밀려 차체가 휘청거리는 날들을…

이제 겨우 3월 한 달을 지나왔을 뿐인데 나는 여러 종류의 날씨들과 정면으로 부딪쳐야 했다. 그리고는 나도 모르는 사이 조금씩 나약한 절망에서 빠져나와 씩씩한 용사로 변모해 가는 또 하나의 나를 만나게 되었다.

하루하루를 적과 싸워내듯 시간을 지워가던 나는, 어느 순간 나의 삶이 이런 모습이어서는 안 된다는 강한 외침을 들었다.

눈에 확 띄는 커다란 몸짓이 아님에도 시시각각으로 땅 위의 모든 것들에 온기를 불어넣어 연한 초록의 빛깔로 채워 가는 경이로운 계절의 탈바꿈을 보며, 나도 이제 지우는 삶이 아닌 채우는 작업을 해야 하지 않나 생각하게 되었다.

한 차례 빗줄기가 씻고 지나간 자리엔 어김없이 좀 더 확실한 생명의 빛이 다가온다. 아침저녁 차를 몰며 무채색에서 유채색으로 변해 가는 주변 풍경을 돌아볼 여유도 생겼고, FM방송에 귀 기울일 여유도 이젠 가질 수 있게 되었다.

오늘 내게 주어진 시간들이 조금은 힘들지만 낯선 이 시간들을 무언가 뜻있는 일로 채워 가리라 다짐도 해본다. 아이들을 향해 마음을 활짝 열고, 저마다 아름답게 빛나는 보석이 되도록 정성들여 닦고 다듬어 주리라.

아직은 편안함에 길들여진 몸과 마음이 심한 몸살을 앓고 있지만 그래도 이런 낯선 시간과의 만남이 분명 내게 소중한 양식이 되리라 믿는다.

인내의 한계를 넘어서는 고통 속에서도 늘 감사하며 찬송하는 동료 K선생을 이곳에서 만나게 된 것도 귀한 인연일 것이다. 남은 생을 살아가는 동안 힘들고 정말로 고통스럽다고 생각되어질 때 나는 K선생을 떠올리며 견딜 수 없는 고통까지도 겸허하게 받아들이며 웃음을 잃지 않는 그 강인함을 본받으려 노력하리라.

불편하다는 한 생각을 바꾸고 보니, 세상은 역시 살만한 가치가 있고 내게 주어진 일상에 감사해야 할 일뿐이다.

새벽 4시 10분- 감아 둔 태엽이 풀어지는 소리에 눈을 뜬 다음 무거운 몸을 일으켜 밥솥에 불을 당기고 나는 또 하루를 힘차게 열어간다. (1995. 3. 27)

선생님 그 이름에

'산 위에 오르면 내 생각이 산처럼 커진다. 바다에 나가면 내 가슴이 바다처럼 열린다…'

아이들이 부르는 노랫말의 한 부분이다. 나는 아이들이 이 노래를 부르며 정말 노랫말처럼 산 위에 올라서 혹은 바다를 바라보며 산처럼 바다처럼 몸과 마음이 커갈 것을 기대하며 가슴이 벅차오름을 느낀다.

어른들이 만들어놓은 대형 건물이 주저앉고 다리가 무너지고, 별별 엄청난 사고들이 다 터져서 위태위태 살아있음이 두렵게까지 느껴지는 요즈음이지만, 그래도 우리 아이들은 참새처럼 재잘거리며 노랫말처럼 예쁘게 자라고 있다.

눈만 뜨면 아이들 속에서 아웅다웅 부대끼며 살아가지만 나는 교사라는 직업을 택한 일이 참 잘한 일이라는 생각을 한다. 부와 권세를 누리거나 빛나는 훈장이 따르는 건 아니지만 선생님이라는 직업이 싫지 않다.

세상이 암울한 일로 술렁일 때도, 신문의 지면 위에 촌지 운운하며 교사를 매도하는 활자들이 넘치지만 그래도 나는 말썽꾸러기, 개구쟁이 우리 아이들의 초롱초롱한 눈망울과 그들의 재잘거림을 들으며 위로를 받는다.

나는 요즈음 아침저녁 출퇴근길에 시골길을 씽씽 달리며, 기막힌 솜씨로 자연을 가꿔내는 보이지 않는 신의 솜씨에 흠뻑 반해 버리고 말았다. 표나지 않게 조금씩 그러나 느낌으로 확실히 와 닿게, 산과 들을 신비로운 색깔로 채워 가더니 아! 요즈음은 완전히 초록의 바다이다. 초록도 그냥 초록이 아니다. 해가 비치는 정도에 따라 바람이 부는 방향에 따라 초록은 수십 가지로 조금씩 아주 조금씩 색깔을 달리하여 물결치며 윤이 난다.

초록 바다를 헤엄쳐 가다 보면 저만큼 나지막한 산들이 어깨를 마주 대고 앉아, 옹기종기 모여선 대여섯 채의 시골집들을 넉넉한 가슴으로 보듬고 있다. 낮은 울타리 가장자리엔 접시꽃이 수줍게 피어있고, 능소화가 환하게 등불을 밝혀 든 곳도 있다. 이렇게 동화 속의 꿈나라 같은 초록 파도에 둥둥 떠가다 보면 어느새 전교생 육십여 명의 개구쟁이들이 뛰노는 운동장에 들어서게 된다.

여기 또한 온갖 꽃과 나무로 둘러싸인 꽃의 축제 마당이다. 이른 봄 모종을 사다 심은 팬지부터 시작하여 꽃의 행렬은 끊임없이 이어진다.

내가 교사이기를 얼마나 잘했는가? 또한 도회지에서만 머물지 않고 이렇게 멀고 먼 시골까지 오게 된 것도 오히려 잘된 일인 것 같다.

자동차의 물결, 높은 건물들, 온갖 소음 속에서 정신없이 휙휙 지나가는 도시의 시간 속에서 빠져나와, 한껏 여유롭게 자연을 바라볼 수 있음이 새삼 감사한 일로 여겨진다.

오며 가며 곧잘 마주치는 교통사고 현장을 보는 일만 빼놓는다면 그리고 대형트럭들의 난폭 운전에 간이 콩알만 해져서 핸들을 움켜쥐는 아슬아슬함만 빼놓는다면 요즈음 내게 주어진 시간들이 너무나 행복하다.

오후 7시가 다 돼서야 왕복 4백여 리를 달려와 녹초가 된 채 쓰러지면서도, 무엇이 그리 행복하냐고 남편은 웃을지도 모르겠다. 하지만 남편도 아들딸도 먼길 다니느라 피곤한 나를 너무 많이 이해 해주고 협조를 아끼지 않는다. 그리고 피곤하지만 행복한 얼굴로 차를 몰고 나가는 엄마를 위해 파이팅을 외쳐준다. 모두 모두 감사한 일뿐이다.

지금 우리가 서 있는 이 땅엔 어둡고 가슴 아픈 일이 많고 많지만, 그래도 우리네 희망의 싹은 꿋꿋이 자라고 있다. 구름이 아무리 두꺼워도 태양을 온전히 가릴 수 없듯이 이 시대가 아무리 암울하나 하여도 우리네 희망의 빛 알갱이들은 도처에서 힘차게 자라고 있다.

보이지 않는 손이 있어 기막힌 솜씨로 자연을 가꾸어내듯, 우리의 아이들을 밝고 밝게 키워내는 이름 없는 교사들의 땀과 사랑이 있으므로… 선생님, 그 이름에 힘찬 박수를 보낸다. (1995년 7월)

2월 그 시작과 끝

좀은 능청스럽고 어른 흉내도 곧잘 내며 농담을 잘 걸어오던 명선이까지 오늘은 아침부터 표정이 좀 무겁다.

"선생님, 마음이 좀 그런데요."

서운하다는 얘기다.

학년 말 봄방학을 시작하는 날- 애써 평소와 똑같이 생각하고 말하자고 마음을 다져본다.

나는 가슴과 눈물샘이 너무 가까워서 눈물을 잘 흘린다며 아들딸에게 간혹 놀림을 받기도 하는데, 책을 읽거나 함께 앉아 TV를 보다가도 남들은 잠잠한데 나는 어느새 눈물 콧물을 쏟아내기 일

쑤이기 때문이다.

벌써 스물 하고도 다섯 번째의 아이들과의 작은 이별(?)을 맞이하면서도 나는 아직도 의연할 수가 없다. 매번 내가 먼저 가슴이 시려 와서 아이들과의 마지막 인사말에 목이 메이고, 그래서 아이들을 울리곤 했는데 올해는 그러지 않으려고 많이 애썼다.

한 사람 한 사람 이름을 불러주며 한 학년 올라가면 더 잘하라고 마지막 잔소리를 얹어주었다. 그렇게나 잠시도 못 참고 참새처럼 재잘거리며 천방지축 망아지 같던 이 녀석들– 오늘은 모두 숙연하다. 분위기 잘 못 잡으면 또 울 것 같다.

"얘들아, 오늘은 우리 다 같이 반장이 되어 인사해 볼까?"

나의 제안에 아이들의 표정이 살아난다.

"열중 쉬엇, 차려, 선생님께 경례, 선생님 안녕히 계세요."

목소리도 우렁차게 인사를 하고 서둘러 아이들을 내보냈다. 뒤에 남아 머뭇거리던 여자애들 몇이 선생님– 하고 달려든다.

"그래 우리 한번 안아보자."

한 아이씩 가슴에 꼬옥 안아본다. 따스하고 보드랍다. 가슴에 안긴 채 팔을 풀지 않으려 떼쓰는 비키, 희경이, 끝내 훌쩍이는 샛별이, 진경이…

너희들이 서운한 내 마음을 짐작이나 할까? 일 년 동안 너희들에게 향했던 마음을 거둬들이고, 내 손끝으로 정성껏 다듬어낸 작품들을 다른 사람에게 넘겨주어야 하는 이 서운함을…

나는 또 어리석게도 수많은 이별의 아픔 위에 또 다른 이별을 만들기 위해 새 학년을 맞는다. 그리고 또 한 해를 싸우며 사랑하며 우리들의 시간 위에 정성껏 채색을 해 갈 것이다. 또 하나의 아름다운 그림이 되기를 소망하면서.

2월 말- 가는 이 오는 이 왠지 술렁거리는 분위기 속에서 우리는 너 나 할 것 없이 조금씩 심란해지는 달이다.

교직원 인사이동이 발표되고 짐을 꾸리는 동료 교사들을 지켜보며, 재작년 이맘때쯤 고창으로의 전보발령소식에 무너져 내리는 초라한 모습을 일으켜 세우려, 안간힘을 다했던 기억이 새삼스럽다. 그러나 군산에서 고창까지 일 년 동안 출퇴근을 하면서 나는 참 많은 것을 얻었다.

날씨라도 심술을 부리는 날엔 이른 새벽부터 차를 가지고 나서는 일이 부담되기도 했지만, 시시각각 변화하는 대자연의 모습에 흠뻑 빠져서, 잊고 살았던 어린 날의 추억을 불러내기도 하고, 말갛게 먼지 벗은 또 다른 영혼과도 만날 수 있었다. 건강하게 살아 있음이 얼마나 고맙고 소중한 것인지도 깨닫는 한 해이었다.

오늘 이렇게 오고 가는 부산함 뒤엔 아무도 짐작하지 못한 새로운 체험들이, 짓궂은 모습을 감춘 채 기다리고 있음을 나는 안다. 그리고 그것늘은 새로 시작하는 모든 이들에게 값지고 소중한 삶의 한 페이지로 자리하게 될 것을 믿는다.

조금은 심란하고 뒤숭숭한 2월과 함께 한 학년을 매듭짓고, 우리는 이제 힘차게 3월을 열 것이다. 제각각 다른 빛깔 다른 모습으로 반짝이며 다가오는 수많은 행성들을 향해, 사랑이라는 에너지를 재충전한 우주 개척함 선생님 호가 출발한다. 결코 쉽지않은, 그러나 그 어느 길보다 고귀한 우리들의 항해여, 축복 있으라!

(1997년 2월)

우리들의 자리

바람이 분다. 나무가 뿌리 째 뽑히고 지붕이 날아가는 거센 비바람에 속수무책으로 바닥에 쓰러져 흙탕물을 뒤집어썼던 벼 포기들, 모진 목숨 가까스로 일으켜 세운 들판에도 바람이 분다. 애타는 농부의 눈물겨운 정성으로 다시 세워진 들판에 정말 고맙게도 황금물결이 출렁인다.

하늘은 껑충 키를 높이고 너무 맑아서 눈이 시린 푸른 가슴에 새털구름 몇 조각 띄워 놓았다. 이렇게 여름은 그 사나운 기세를 꺾고 슬그머니 가을의 뒤편으로 물러앉았다.

우리는 어리석게도 어떤 것을 잃은 뒤에야 비로소 그것이 얼마나 소중했던가를 깨닫게 된다. 방심 뒤에 오는 사고가 그렇고, 최선을 다하지 못한 지난 시간에 대한 회한이 그렇다. 어디 그것뿐이랴? 요즈음 나는 힘 있는 사람들의 국민을 인질로 하는 힘겨루기를 바라보면서 새삼 이 땅의 교육자들이 얼마나 힘없고 만만한 사람들이었는지 실감하게 된다.

지난 두어 해 동안 우리는 심한 열병에 시달렸고 지금도 그 상처는 아물지 않고 있다. 사회 전체가 들끓으며 교실 붕괴를 부채질하고 선생님들은 자신이 선생님인 사실을 부끄러워하기조차 해야 했다. 입 달린 사람은 모두 나서서 선생님들을 비난하고 매도하고 손톱만 한 비리도 집채만큼 부풀려 마구 공격하고 깎아내렸다.

마땅히 지탄받아야 할 교사가 왜 없었을까마는, 대부분의 선생님들은 망연자실 그저 기가 막혀할 뿐이었다. 교권은 바닥에 떨어져 사정없이 짓밟히고 교육정책마저도 선생님들 편에 서주지 않았다. 급기야는 정년이 단축되었고 평생을 모아 온 연금이 흔들리고, 사면초가 조여드는 목 눌림에 힘없는 선생님들은 숨을 쉴 수가 없었는지 모른다.

선생님들은 떠날 수밖에 없었을 게다. 부富나 권력과는 인연이 먼 길, 평생을 오직 한 길 가르치는 보람으로 버텨 온 수많은 선생님들이 교단을 떠나기로 결심한 것이다. 60대 50대는 물론, 아직은 젊은 40대의 선생님들까지.....

바로 코앞도 살피지 못한 사회적 분위기에 내몰렸다는 말이 아주 틀린 것만은 아니리라.

우리 학교도 예외는 아니었다. 작년에 이어 금년 2월과 8월에도 많은 선생님들이 교단을 떠나셨다. 떠나는 사람들도 남아있는 우리도 모두 마음이 아팠다. 당장 시작되는 새 학기에 선생님들이 부족해서 난리라는데, 두어 달 단기 교육으로 자격증을 주어 신규교사를 대량으로 뽑아 들이고, 그래도 부족한 수는 퇴직한 교사들을 기간제로 불러들이고, 이렇게 미봉책으로 땜질을 해서 교육이 바로 설 수 있을까 걱정이 된다. 이미 떠나 버린 마음들에 무슨 사명감이 생기겠는가? 앞장서서 교단으로부터 선생님들을 끌어 내리던 그 많은 입들은 지금 이런 상황에는 왜 아무 말이 없는 것일까?

평생을 한길밖에 모르던 선생님들이 퇴직을 결심한 뒤에도 몇 번을 번복하며 괴로워하는 모습을 곁에서 지켜보았다. 아무렴 그런 결정이 쉬웠겠는가?

나는 이번 팔월 말에도 두 분 선생님의 퇴임을 지켜보았다. 성대하달 수는 없었지만, 전에 없이 꽤나 격식을 갖춘 퇴임식을 마련했었다. 거의 비슷한 연배이신 두 분 선생님 중 한 분은 교장선생님으로, 다른 한 분은 평교사로 명예퇴직하시는 자리였다. 함께 퇴임식을 마련해 드리려 했으나 평교사이신 C선생님이 극구 사양하여, 한 분 만의 성대한(?)퇴임식이 되었다.

평생을 몸 바쳐 제자를 길러내고, 가르치는 일에서 보람을 찾으시던 선생님이 이렇게 교단을 떠나는 마지막 자리에서조차, 상대적으로 초라해 보일 것을 마음 쓸 수밖에 없는 현실이 우릴 슬프고 쓸쓸하게 했다. (2000. 8.)

엄마 되어주기

직장여성이 겪는 어려움 중에 가장 큰 것이 육아문제가 아닌가 싶다. 취학 전까지 아이를 돌보는 일을 대개는 시부모님 또는 친정어머니가 맡아 해주는데 그 또한 간단한 일만은 아니다. 부모님의 수고하심은 말할 나위가 없고, 한집에서 살지 않는 한 아이와 떨어져서 생활해야 하는 힘든 시간을 감내해야만 한다. 그나마 어느 쪽이든지 부모님이 아이를 맡아주실 수만 있다면 그 또한 행운이라고 할 수 있다.

이제는 훌쩍 자라서 제각각 자기 몫을 하고 있는 아이들이지만, 내게도 남매를 키우면서 어려운 고비가 많았었다.

첫째 아이는 친정어머니께서 세 살까지 맡아 길러주셨는데, 첫

손자를 친정에서 기르게 한다고 시댁 어른들의 껄끄러운 시선을 참아내야 했다.

18개월 터울로 둘째가 태어났고, 거의 같은 시기에 친정 남동생도 첫아이를 낳게 되어 둘째는 친정에도 시댁에도 맡길 수가 없게 되었다. 물론 아이를 돌보아 줄 사람을 구해보려고 노력했다. 어렵게 할머니 한 분을 구했는데 (그때는 출산휴가가 겨우 1개월밖에 되지 않았다.) 산후조리가 끝나고 정작 출근을 해야 할 때, 돌보미 할머니의 딸이 크게 다쳐서 자기 집으로 돌아가고 말았다.

부기도 채 빠지지 않은 얼굴로 분유 가방, 기저귀 가방에 내 점심 도시락까지 들고, 아침마다 아이를 업고 친정으로 갔다가 퇴근길에 데려왔다. 그것도 동생 댁이 출산을 하고 산후조리를 하는 동안에는, 낮시간마저도 마음 편히 친정에 맡길 수가 없었다.

친정집이야 학교 가는 길목에 있어 오고 가기가 수월했지만, 시댁은 학교와는 정 반대쪽에 있어서 시간이 훨씬 많이 걸렸다. 하지만 어쩔 수가 없어 시댁으로 아이를 업고 가야만 했다. 시어머님은 밤까지는 봐줄 수 없다 하여 아침에 택시를 타고 가서 아이를 내려놓고 출근했다가 오후엔 다시 가서 아이를 데려왔다.

어느 날인가는 아이를 업고 택시를 탔는데, 골목길에서 튀어나오는 자전거를 피하느라 급정거를 하는 바람에 의자 앞쪽에 심하게 부딪쳐서, 가슴 쪽에서 어깨로 연결되는 쇄골에 금이 가서 여러 날 고생을 하기도 했었다.

다른 지역에서 근무하는 남편은 주말에나 집에 오고, 혼자서 갓난아기를 데리고 그때 나는 참 많이 울면서 생활을 했었다.

열이 펄펄 끓고 설사와 구토를 해대며 울어대는 아이- 기저귀와 옷가지는 토사물로 온통 젖어 한쪽에 쌓여있고, 울다 지쳐 늘어진 아이를 안은 채 나는 그 밤 얼마나 울었던지 이른 아침 연락을 받고 친정어머니가 달려오셨을 때는, 퉁퉁 부은 눈이 제대로 떠지지도 않았었다.

어디 그뿐이랴! 취학하기 전까지 열만 높았다 하면 경기를 해대는 작은 아이 때문에 참 많이 가슴을 졸여야 했다. 아이를 키우면서 겪는 어려움이 어디 한두 가지이며, 나만의 일일까마는 지금 돌아보면 정말 어려운 시기였던 것 같다.

큰애가 세 살을 넘기고 외할머니한테서 친할머니에게 보내어졌을 때 아이는 한사코 울며 나를 따라나서려 했었다. 혼자 버려질까 봐 겁에 질려 울어대는 아이를 떼어놓고 돌아오며 나는 또 얼마나 가슴이 찢어졌는지 모른다.

어렵게 아이 돌보는 사람을 구해서 시골로 자청하여 들어가면서 네 식구가 모여 살 때도, 프로 엄마가 못되었던 나는 남몰래 많이 울어야 했다.

몸이 아파 칭얼대는 아이를 억지로 떼어놓고 출근을 하면 창문에 매달려 보이지 않을 때까지 엄마를 부르며 울던 아이 생각에 하루가 너무 길고 힘이 들었었다. 남의 손에 아이를 맡겨 기르는 일이 말처럼 간단한 일이 아니라는 것을 경험한 사람은 다 알 것이다.

우여곡절을 겪으며 아이들이 자라서 초등학생이 되었을 때, 나는 이제부터 낮 시간에도 아이들과 함께 있을 수 있게 되어 너무 좋았다. 그러나 내가 근무하는 학교에 아이가 다닌다고 해서 내가 전적으로 돌볼 수 있는 것은 아니다.

내가 맡은 학급 아이들이 있었기 때문에 우리 아이에게는 일단 정규시간이 끝날 때까지는 전혀 손 돌릴 여력이 없었지만, 내 아이들을 데리고 학교에 오고 갈 수 있는 것만도 얼마나 다행인지 몰랐다.

아이들과 나는 약속을 하였다. 일단 교문에 들어서면 엄마가 아니라 선생님이니까 수업 끝날 때까지는 엄마 교실에 오지 않기, 준비물이나 숙제는 미리미리 챙기기- 공부는 만족할 만큼 잘하지 못했지만, 우리 현우와 윤경이는 건강하고 착하게 자라주었다.

같은 학교에 아이들을 데리고 다녀서 좋은 점도 많지만, 맘 아픈 일도 없지 않았다. 소풍날과 운동회 날이 그런 날이다. 소풍이야 먹을 것 챙겨서 가방 메어 딸려 보내면 되었지만, 뙤약볕에서 종일 있어야 하는 운동회 때, 우리 아이들은 엄마가 챙겨주지 않으니 목이 말라도 아이스크림 하나 못 먹고 참아야 했다. 지금 같으면 챙겨줄 법도 한데 그때는 내 반 아이들만 붙들고 있느라고 정작 내 아이들에게는 너무했나 싶다.

오랜 시간이 흐른 지금까지도 가슴 깊이 새겨져 잊을 수 없는 고마운 분을 만났던 것도 바로 그때였다.

첫아이가 일 학년일 때 가을 운동회- 나는 삼 학년을 담임하고 있었는데, 학생석에 엄마들이 찾아와서 짬짬이 자기 아이들에게 시원한 음료나 간식을 먹이기도 하였다.

그때 우리 반 반장은 박용식이라는 아이였는데 체격도 작고 약간 다리를 저는 아이였다. 2학년 때까지 아이들에게 얻어맞기도 하고 기가 죽어지냈는데, 그 애 엄마의 맘 아픈 이야기를 듣고 나는 용식이를 반장으로 밀었고, 아이들의 지지를 받아 반장이 되었다.

운동회 날 반장인 용식이 엄마는 아침에 잠시 얼굴을 비치고, 아들과 담임에게 음료수를 챙겨주더니 점심때까지 얼굴을 볼 수 없었다. 점심시간에야 나타난 용식이 엄마에게 오전 내내 어디에 있었느냐고 물었더니 그녀는 생글생글 웃으며 대답하였다.

"우리 아들이야 선생님이 알아서 챙겨주시니까 저는 선생님 아들한테 가 있었지요. 선생님은 우리 아들 엄마 해주셨으니 저는 선생님 애기의 엄마 해줘야지요."

그랬다. 나는 백군이고 우리 아인 청군이라 자리도 뚝 떨어져 있었는데, 그녀는 일 학년짜리 우리 아들에게 가서 물도 먹이고 간식도 챙겨 먹이며 엄마 노릇을 하고 있었던 것이었다. 나는 눈물이 핑 돌았다. 그 마음 씀이 얼마나 고마운지 가슴이 저렸다. 세상에 그렇게 고마울 수가…

아름다운 선물

오늘 아침 교실에 들어서니까 우리 반 꼬맹이 하나가 종이에 싼 작은 물건을 슬며시 내민다. 예쁘게 포장한 것도 아니고 평범한 흰 종이에 대충 싼 것인데 "이게 뭐야?" 물었더니 기어드는 목소리로 "선물요" 한다.

웬 선물? 하며 풀어보니 아주 작고 예쁜 곰 인형이었다. 핸드폰에 매달고 다닐 수 있게 만들어져있는 것이었다.

"어머- 너무 귀엽다. 엄마가 주셨니?" 물었더니 자기가 산 것이라며 활짝 웃는다.

오늘은 이 녀석이 나의 아침을 기쁨으로 열어주는구나! 나는 당장에 핸드폰을 꺼내어 이미 달려있는 고리 옆에 또 하나를 달았다. 우리 딸이 사준 것이라 떼어낼 수는 없어서 두 개를 주렁주렁

달게 되었다. 아이의 얼굴은 기쁨으로 붉어지며 더욱 환하게 빛난다.

가끔씩 책상 위에 서툰 솜씨로 접은 종이꽃이나 사탕 한두 개, 어떤 때는 삐뚤빼뚤 쓴 편지가 놓이기도 하는데 우리 반 꼬맹이들의 애정표시이다.

작년에 일 학년 담임을 할 때는 겨우 한글을 익혀서 맞춤법도 엉터리인 녀석들이 '선생님 사랑해요~' 하며 색종이에 쓴 편지를 내밀 때 얼마나 기특하고 예쁘던지…

하도 예뻐서 안아주고 뽀뽀도 해줬더니 나중엔 너도나도 편지를 써오는 바람에 행복한 곤욕(?)을 치르기도 했었다. 이런 재미를 초등학교 교사가 아니면 누가 누릴 수 있으랴!

얼마 전에 〈스승의 날이 되면 선생님들은 괴롭다〉라는 글을 신문에서 읽은 적이 있다. 그 글을 읽으며 그래도 우리를 이해해주는 사람들도 있구나! 하는 생각에 조금은 마음에 위안이 되었다.

스승의 날을 전후하여 선물 운운하며 학교와 선생님들을 부조리와 비리의 온상인 것처럼 씹어 대느니, 차라리 꽃 한 송이 받지 않아도 좋으니까 조용히 지내고 싶은 것이 우리 교사들의 바람일 것이다.

노동자의 날이니 철도의 날이니 무슨 무슨 날 하며 관계있는 사람들은 하루를 쉬게 하는데 왜 선생님들은 스승의 날에 쉬지도 못하고, 어린 제자들이 들고 오는 꽃 한 송이조차 마음 편히 받을 수 없는지 씁쓸할 뿐이다.

물론 내 아이만 특별히 잘 부탁한다는 뇌물성 선물도 있을지 모른다. 혹은 은근히 선물을 요구하는 교사가 있을지도 모르겠다. 그러나 그런 사람들이 몇이나 되겠는가? 왜 극소수의 몇 사람이 일으키는 구정물을 죄 없는 모든 교사가 뒤집어써야 되는지 모르겠다. 차라리 스승의 날이 없었으면 좋겠다.

나는 꽤 오랫동안 초등학교에 몸담고 있었기 때문에 아이들에게서 선물을 받은 적이 많다. 고백하건데 선물의 의미를 무색하게 하는 선물을 받고 고민 끝에 돌려준 적도 있었다. 꽤 좋아 보이는 선물을 받긴 했어도 영 마음이 불편했던 경우도 있었고, 소풍날 땀을 뻘뻘 흘리며 따라오신 할머니께서 손에 꼬옥 쥐어주시던 박카스 한 병과 삶은 달걀 한 개에 감격했던 적도 있었다. 책상 위에 말없이 올려놓은 사탕 한 개, 껌 한 개, 과일 하나, 나한테는 아무 소용도 없는 조그만 인형, 서툴지만 정성스럽게 만든 색종이 꽃 등… 저절로 입가에 미소가 번지고 가슴 따뜻해지는 선물들을 나는 참 많이 받아보았다.

내가 받은 선물 중에 가장 좋았던 선물을 자랑하려 한다. 꽃을 좋아하는 내게 꽃 선물은 물론 기쁨을 주는 선물이고, 손수 한 올 한 올 뜨개질로 만든 작은 손가방도 값진 선물이었지만 그런 선물들은 받는 순간, 또는 며칠 혹은 물건을 쓰는 동안 감사한 마음을 갖게 하지만 곧 잊혀지게 마련이다. 그런데 2년에 걸쳐 매달 받아보았던 조그만 책 〈좋은 생각〉은 내가 받은 선물 중에 가장 감동적이며 두고두고 기억되는 선물이다.

재작년에 3학년 담임을 맡았던 우리 반에 다예라는 얌전하고 착실한 아이가 있었다. 아버지는 같은 시내 중학교 선생님이고 엄마는 전업주부이셨는데, 참 소박하고 겸손해 보이는 분이셨다.

3월 초 아이가 조그만 책을 엄마가 주신 거라며 가져왔다. 책 속엔 예쁜 편지지에 또박또박 쓴 짧은 편지가 들어있었다.

'선생님과의 만남이 우리 아이에게 따뜻하고 밝은 한 해가 되어지기를 소망하며 이 작은 책을 통해 선생님께 짧은 휴식을 드리고 싶다'는 짧지만 가슴 따뜻한 글이 적혀있었다.

학년 초 이런저런 계획들과 새로운 약속의 확인 등으로 조금은 어수선했던 내 마음을 차분히 가라앉혀주는 정말 고마운 선물이었다.(책 속에 다른 것은 없었느냐고 우스갯소리로 묻는 분도 있었지만, 책 속엔 정말로 고운 마음이 담긴 편지만 있었다.) 그리고 그것이 담임과의 의례적인 인사이려니 생각했다.

그런데 4월 첫날 아이는 4월호 〈좋은 생각〉을 가져왔다. 책의 첫 장엔 또 짤막한 글이 적힌 메모지가 들어있었다. 5월에도 6월에도 첫날이 되면 아이는 어김없이 책을 들고 왔다.

나는 책을 받아들 때마다 맑고 시원한 샘물 같은 기쁨이 내 안에 차오름을 느꼈다.

그렇게 일 년 동안 단 한 번도 거르지 않고 조그맣지만, 기쁨 가득 남아오는 책 선물을 받았다. 꼭 한 번 스승의 날에 아기를 업은 채 장미꽃을 들고 왔던 그녀의 모습은 내가 생각했던 것처럼 맑고 투명해 보였다. 화장기 없는 깨끗한 얼굴에 검소한 옷차림, 말보다는 웃음으로 대답하는 그녀에게 정말 호감이 갔다.

일 년이 지나가고 아이들은 한 학년씩 진급을 했으며, 나는 일학년을 맡았다. 3월 초 다예가 들고 오던 〈좋은 생각〉 3월호가 우편으로 배달되었다. 보낸 이는 안다예로 되어있으니 다예어머니가 보내신 것이 틀림없었다. 4학년이 된 다예를 찾아가 물었더니 엄마가 일 년 분 구독 신청을 해놓으셨단다. 매달 학교에서 받아볼 수 있도록... 이젠 담임선생님도 아닌데 너무 고마웠다.

매월 초가 되면 나는 책을 기다리게 되었고, 나를 위해 마음 써주시는 고마운 분을 생각하며 아이들에게 사랑을 되돌려주기 위해 노력했다. 그렇게 다시 일 년, 나는 매달 아름다운 선물을 받아보며 행복해했다. 그리고 다른 사람에게 오래도록 기쁨을 줄 수 있는 좋은 방법을 하나 배웠다.

좀 더 일찍 우리 아이들이 어렸을 때 이런 방법을 알았더라면 나도 우리 아이 담임선생님께 일 년분의 행복을 보내드릴 수 있었을 텐데... 내가 받아본 선물 중에 가장 아름답고 고마운 선물이었다. (2002년 5월 30일)

저기압 때문에

아침 일기예보에서 오늘 밤부터 비가 내릴 거라 했다. 올봄엔 유난히 비가 많이 내린다. 굳이 일기예보가 아니라도 내 두통이 시작되었으니 저기압일 테고 머지않아 비가 내릴 것이다.

옛날 어른들은 날이 궂으려면 삭신이 쑤신다고 했다. 그런데 나는 회색구름이 낮게 드리우고 기압이 낮으면 어김없이 두통이 온다. 때에 따라 통증의 정도는 조금씩 다르지만, 머리가 욱신거리고 소화도 잘되지 않아서 영 기분을 엉망으로 만든다. 그러다가 빗줄기라도 세차게 쏟아지고 나면 씻은 듯이 두통이 사라진다.

그래서 그럴까? 나는 비가 내리면 생기를 되찾는다. 그것도 봄비가 내리면 까닭 없이 가슴이 설레서 잠자코 들어앉아 있을 수가 없다. 혼자서 차를 몰고 하다못해 은파유원지라도 돌다가 들어오곤 한다. 차 안 가득 흐르는 골든 팝에 취하고 창밖으로 내려 젖는 풍경에 취하고... 아! 주룩주룩 비가 내렸으면 좋겠다. 무겁게 내려앉은 하늘 때문인지 머리는 욱신거리고 까닭 없이 우울하다.

오월 이맘때면 늘 그렇듯이 요며칠 기분이 언짢다. 어린이날, 어버이날까지만 있지 뭐 하러 스승의 날은 만들어서 이 땅의 선생님들을 싸잡아 비참하게 만드는지 모르겠다.

올핸 스승의 날 대부분의 학교들이 아예 문을 닫고 쉬었다. 하지만 행여라도 있을 촌지(?) 혹은 뇌물성 선물이 무서워 학교 문을 닫다니 너무 웃기는 일 아닌가?

암튼 핑계 대고 하루 쉴 수 있어서 좋기도 했지만, 시내 선생님들끼리 학생회관에 모여 조촐한 기념식을 갖고 배구대회 결승전하고 경품 추첨이란 것도 했다.

하지만... 학생이 없는 선생님들만의, 그것도 이리저리 다 빠져버리고 정말로 할 일이 없거나 체면 때문에 마지못해 참석한 소수의 선생님들만 모인 행사는 김이 빠지다 못해 초라하고 슬펐다.

선물과 뇌물... 글쎄다. 이토록 약삭빠른 세상에 선생님들이 뭐 얼마나 대단한 권력을 쥐었다고 뇌물(?)을 갖다 바칠까? 직장에 나가는 우리 반 쌍둥이 엄마가 손수 정성껏 만들었다는 비즈공예 목걸이를 받고 너무 예쁘다고 좋아한 나는 뇌물을 받아먹은 파렴치한이 되는 걸까? 할머님이 직접 농사지어 보내주셨다는 참기름 한 병, 알알이 정을 담은 잡곡 조금... 너무 고맙게 받았는데 나는 파렴치한이 되고 만 걸까?

아이 손에 들려온 편지 한 통, 꽃 한 송이마저도 마음 편히 받을 수 없는 땅– 이 시대엔 선물은 모두 어디로 가고 뇌물만 남아서 선생님들을 단죄하려 드는지 모르겠다. 정말 모르겠다. 어딘가에서 어두운 거래가 오고 갔었는지, 하지만 선생이 뭐 대단한 힘이 있다고 뇌물까지야 주고받았을까? 오월만 되면 스승의 날만 돌아오면 선생인 것이 한없이 서글퍼진다. (2004년)

선생님의 밥그릇

참 만만한 것이 선생님의 밥그릇인가보다. 이 사람도 집적대고 저 사람도 집적대고, 숟가락 든 선생님들은 잠자코 있는데 밥이 너무 많다고 푹푹 퍼내더니, 이젠 적어 보이니 물 말아 먹으란다.

선생을 우습게 아는 사회 풍조에다 잘나신 양반들의 밥그릇 따먹기 놀이에 힘없는 교사들만 제 밥그릇도 못 지킨 채 이리 채이고 저리 채이고 동네북이 되고 말았다.

경제원리를 앞세워 수많은 경력교사를 벼랑 끝으로 내몰 때도 우리는 진정 번지르르한 낱말처럼 명예로운(?) 퇴직을 하였는가 물어보고 싶다.

신문 사회면이며 텔레비전 화면 가득 선생들은 죄다 사기꾼이고, 더러는 폭력배이고, 선량한 학부모나 등쳐먹는 치사한 족속이라고 침소봉대 떠들어대는 분위기 속에서 선생님들이 어떻게 교직을 천직이라며 버틸 수 있었겠는가?

지금도 그렇지만 어딘가에서 손톱만 한 문제라도 생기면 일부 언론들이 앞장서서 지지고 볶고 난도질을 쳐서 교사들은 한 묶음으로 오물 세례를 받는다.

'소위 선생이란 자가 그럴 수 있느냐-' 말이야 옳은 말이다. 그러나 언론에 비춰 진 그것이 왜 전부라고 생각하는가? 전후좌우 모두 잘라내고 부정적인 부분만 크게 확대하여 띄워 놓으니 죄 없는 사람들까지 몰매 맞아 죽을 지경이다.

물론 선생님은 다른 사람들과 달라야 한다. 말도 행동도 생각도 바르게 해야 한다. 최소한 그런 사람이 되도록 노력해야 한다. 그러나 선생님에게도 보통사람처럼 살 권리도 있지 않은가? 어쩌다 실수도 할 수 있고 꼴사나운 짓거리를 하는 사람도 있을 것이다. 그런 사람은 죗값에 맞게 법으로 다스리라. 여론으로 몰아서 애매한 다수의 사람까지도 몰매를 맞는 일은 없어야 할 것이다.

(2005. 1. 12.)

우울한 여론재판

사고란 먼 곳에서 준비되었다가 일어나는 것이 아니다. 언제 어느 때고 아차 하는 순간에 일어나서 가볍게 혹은 영원히 씻어지지 않는 상처를 남기기도 한다.

뉴스를 보기가 두렵다. 학교폭력이니 촌지 수수니 교육현장에 관련된 우울한 소식이 심심풀이 껌마냥 씹혀질 때마다 우리는 매번 얼마나 처참한 기분이 되어 무너져 내렸던가?

그러면서도 한편 뉴스의 주인공이 내가 아니어서, 내 친구가 아니어서, 내가 아는 누군가가 아니어서 다행이라며 가슴을 쓸어내렸음을 부인할 수가 없다.

그런데 우려했던 일이 터져버렸다. 그것도 저녁 시간대 뉴스 시간마다 몇 번이고 되풀이해서 올라오는 동영상 사진과 아나운서의 멘트를 가슴이 떨려서 마주하기가 힘들다.

내가 너무나 잘 알고 있는 후배여교사의 학생체벌 현장이 커다란 파문을 일으키고 있다.

학부모가 핸드폰으로 찍어서 유포한 불과 몇 초밖에 안 되는 동영상 사진과 이에 관련된 기사에, 인터넷 공간에서는 차마 눈 뜨고 볼 수 없는 격랑이 일고 있었다. 수없이 올라오는 네티즌들의 댓글은 걷잡을 수 없는 분노를 넘어서 기필코 끝을 보고 말겠다는 위기감마저 일고 있다.

가슴이 아프다. 그녀는 어쩌다 그렇게 심하게 아이들을 다뤘는지, 이렇게 험난한 파도를 이찌 넘으려고 바보 같은 짓을 저질렀는지… 지나친 열정이 그녀를 죽이는구나 싶어 안타깝기만 하다. 발 빠른 징계로 다급한 불길은 잡는다 해도 빗발치는 비난과 수모를 그녀와 가족들이 어떻게 견뎌낼 수 있을까?

이 시간 어딘가에서 살을 점점이 도려내는 아픔과 맞닥뜨리고 있을 그들을 생각하며 떨리는 가슴을 진정할 수가 없다. 같은 길을 가는 동료로서 나 또한 일 학년 어린아이들을 담임하는 사람이

기 때문에 도를 넘어선 정황에 고개를 저을 수밖에 없지만, 평소의 그녀를 알기에, 교육자로서의 열정과 자질을 알기 때문에 이번 사고가 더욱 안타깝고 가슴이 아프다.

이제 갓 나온 새내기교사도 아닐 진데 웬 열성이 뻗쳐 그런 바보짓을 했을까? 참을인忍자 열 개쯤을 가슴에 붙이고 살아야 하는 것이 오늘의 교사임을 다시 한번 확인해 본다. (2006년)

자신 있게 돌을 던질 자 누구?

오늘 그녀의 사표가 수리되었다는 소식을 전해 들었다. 치닫는 여론을 이렇게라도 잠재우지 않으면 안 되는 상황인가보다.

물론 동영상을 보며 나 또한 놀라기는 마찬가지였다. 일 학년-이제 겨우 젖 냄새를 벗어난 아이를 나무라는 장면치고는 지나치다 싶었다. 그래서 걷잡을 수 없이 문제가 커졌고 무거운 징계가 따를 것 같아 걱정이 되었었다.

그러나 이제 그만, 성난 군중의 무차별적인 돌팔매질과 사정없는 발길질은 거두기를 간절히 바란다. 그녀와 그녀의 가족들 모두 이미 처참하게 짓밟히는 형벌을 충분히 받았으리라.

이제 분노의 활시위를 거두고 다시 일어설 기력조차 없는 저들을 용서해 주면 안 될까? 그만 용서해 달라고 내가 대신 엎드려

빌고 싶다.

교단에서 수십 년을 버텨온 우리 중 누군들 학생들을 훈육한다고 체벌해 보지 않은 사람 몇이나 될까? 젊은 날- 부드럽게 돌아가는 방법을 모르고, 오로지 곧게만 가야 바른길이라 여기며 숙련되지 못한 열정만 하늘만큼 높던 시절, 자리에서 일어설 수 없을 만큼 아이들과 내 종아리를 번갈아 매로 치던 우매함도 저질렀고, 손바닥이 발개지도록 매도 때렸으며, 아이들의 가슴에 상처 주는 언행인들 왜 안 했으랴!

뒤늦게 철이 들어서 (좀 더 솔직히 말하면 나이가 들면서 열정은 많이 사그라들고 어린애들이 자꾸 좋아지더라. 누가 그러는데 아이들이 자꾸 예뻐 보이기 시작하는 건 손주 볼 나이가 된 때문이라 했다.) 아이들 곁에 예전보다 훨씬 부드럽게 다가가게 되었다.

물론 젊은 날엔 잘못하면 때려주고, 함께 붙잡고 울고 그러는 것이 사랑의 방법이라 굳게 믿었었다. 그러나 지금 생각해보면 그런 열정과 사랑의 방법을 아이들이 이해했을 리 없다. 지나간 시간 속의 내 아이들아, 부디 용서하라. 내 서툰 사랑의 방법으로 상처를 받았다면 정말 미안하다. 용서를 빈다.

너 나 할 것 없이 같은 길을 가는 우리 모두, 답답하고 우울한 시간을 지나가고 있는 것 같다. 이런 때 우린 그저 모두가 죄인이 되어 숨 죽이는 수 밖에....

한없이 우울한 저녁 – 인터넷 공간의 험악한 여론재판을 맥없이 지켜본다. 무수한 돌팔매질과 발길질에 만신창이가 되는 한 여교사를 보며, 말할 수 없는 슬픔과 자괴감에 현기증을 느낀다. 한가정의 꿋꿋하고 미더운 맏딸이었으며 알뜰한 아내이고, 훌륭하게 자녀를 길러낸 어머니인 그녀– 병든 시부모를 정성으로 모시던 고마운 며느리였으며, 삼십여 년간 교단을 지키며 열성적으로 2세 교육에 헌신했던 그녀가, 하루아침에 난장에 내동이 쳐진 채 뭇발길질에 무참히 찢어지고 있다.

교단에 서 있는 한, 항상 지뢰밭을 걷고 있는 것 같은 불안감을 지울 수 없을 것 같다. 새벽 2시 17분– 쉽게 잠이 올 것 같지가 않다. 이 밤 그녀와 그의 가족들은 얼마나 찢어지는 아픔과 회한과 몸서리쳐지는 모멸감에 맞서고 있을까? (2007년)

전재복 산문집 ⑦

숨표, 쉼표

인쇄 2021년 12월 1일
발행 2021년 12월 3일

지은이 전재복
발행인 서정환
펴낸곳 수필과비평사
주소 전북 전주시 완산구 공북1길 16(태평동 251-30)
전화 (063) 275-4000 · 252-5633
팩스 (063) 274-3131
이메일 sina321@hanmail.net essay321@hanmail.net
출판등록 제300-2013-10호
인쇄 · 제본 신아문예사

ISBN 979-11-5933-380-4 03810

값 15,000원

Printed in KOREA